William Szekspir

MAKBET

Wydawnictwo GREG® Kraków

Autor:
WILLIAM SZEKSPIR

Tytuł:
MAKBET

Przełożył:
JÓZEF PASZKOWSKI

Autorzy opracowania:
WOJCIECH RZEHAK
KATARZYNA DUDA-KAPTUR

Korekta:
AGNIESZKA NAWROT
AGNIESZKA WOŹNY
MARIA ZAGNIŃSKA

Projekt okładki:
BROS

Ilustracje:
JONASZ PORYWCZY

Na okładce wykorzystano fragment obrazu Corneliusa Saftlevena
Przyjęcie bogacza w piekle ze zbiorów Muzeum Narodowego w Warszawie
fot. Archiwum Fotograficzne Muzeum

ISBN 978-83-7327-251-4
Wydanie III poprawione

Wydawnictwo GREG
31-979 Kraków, ul. Klasztorna 2B
tel. (12) 680 15 50
www.greg.pl

Księgarnia internetowa: www.greg.pl

Skład i łamanie:
BROS, Pracownia Słowa

William Szekspir

MAKBET

Autor:	William Szekspir
Tytuł:	*Makbet*
Czas i miejsce akcji:	Szkocja (we fragm. Anglia), średniowiecze
Bohaterowie:	Makbet, jego żona, Dunkan - król Szkocji; Malkolm i Donalbein - jego synowie, Banko - serdeczny przyjaciel Makbeta, Czarownice
Problemy:	sposoby dochodzenia do władzy i jej mechanizmy, zdrada i jej skutki, wpływ zbrodni na ludzką psychikę
Rodzaj i gatunek literacki:	dramat, tragedia

OSOBY

Dunkan – król szkocki
Malkolm, Donalbein – jego synowie
Makbet, Banko – wodzowie
Makduf, Lennox, Rosse, Menteith, Angus, Caithness – panowie szkoccy
Fleance – syn Banka
Siward – hrabia Northumberland, dowódca wojsk angielskich
Młody Siward – jego syn
Sejton – oficer pod rozkazami Makbeta
Chłopiec – syn Makdufa
Lekarz angielski
Lekarz szkocki
Żołnierz
Odźwierny
Starzec
Lady Makbet
Lady Makduf
Dama – służąca Lady Makbet
Hekate i trzy Czarownice
Lordowie, panowie, dowódcy wojsk, żołnierze, zbójcy, słudzy i gońcy.
Duch Banka i wiele innych zjawisk.

Rzecz dzieje się przy końcu czwartego aktu w Anglii, przez wszystkie inne – w Szkocji.

Miejsce akcji

AKT I

SCENA 1

Pusta okolica.
Grzmoty i błyskawice. Trzy Czarownice wchodzą.

Cechy dramatu szekspirowskiego – postacie fantastyczne

Pierwsza Czarownica
Czy wnet zejdziemy się przy blasku
Błyskawic i piorunów trzasku?

Druga Czarownica
Gdy bitwa owdzie wrząca
Dociągnie się do końca.

Trzecia Czarownica
Więc przed zachodem słońca.

Pierwsza Czarownica
Gdzie schadzka?

Druga Czarownica
Jak ten chrust
Na wrzosach[1].

Trzecia Czarownica
Tam Makbet z naszych ust
Dowie się o swych losach.

Pierwsza Czarownica
Słyszę głos arcywiedźmy.

Wszystkie trzy
Ropucha skrzeczy[2]. Jedźmy!
Szpetność upięknia, piękność szpeci[3];

[1] *na wrzosach* – wrzosowiska pokrywają w Anglii i Szkocji duże przestrzenie; są one doskonałym tłem dla ukazujących się wiedźm.

[2] *ropucha skrzeczy* – ropucha symbolizuje między innymi zło, truciznę, jad śmierć, ale także królewskość. Była też uważana za nieodłączną towarzyszkę czarownic.

[3] *szpetność upięknia, piękność szpeci* – czarownice odwracają wszelkie wartości, zwłaszcza moralne.

Nuże przez mgły i par zamieci!
Znikają.

SCENA 2

Obóz pod Forres.
Wojenna wrzawa za sceną. Król Dunkan, Malkolm,
Donalbein, Lennox z orszakiem wchodzą i spotykają rannego Żołnierza.

Dunkan
Cóż to za człowiek krwią zbroczony? Wnosząc
Z jego ran, będzie on mógł nam udzielić
Najświeższych wieści o bitwie.

Malkolm
Jest to mężny
Wojownik, panie, którego odwadze
Winienem wolność. Witaj, przyjacielu!
Powiedz królowi, jaki był los bitwy,
Kiedyś jej pole opuszczał.

Żołnierz
Wątpliwy,
Jak los dwóch burzą miotanych pływaków,
Którzy ze sobą zwarci wysilają
Całą swą sztukę. Okrutny Makdonwald[4]
(Godzien haniebnej nazwy buntownika,
Bo go natura mnóstwem wszelkich złości
Uposażyła), wsparty posiłkami
Kernów z zachodnich wysp[5] i galloglasów,
Brał już nad nami górę i Fortuna[6],
Jak nierządnica, zdała się uśmiechać
Przeklętej jego sprawie: gdy wtem Makbet,
Dzielny nasz Makbet, gardząc szalą szczęścia,
Mieczem, dymiącym krwią jak kadzidłem,
Torując sobie drogę wśród zastępów,
Przedarł się aż do zdrajcy i dopóty
Nieubłagane zadawał mu cięcia,

Przebieg bitwy pod Forres

Żołnierz o Makbecie (męstwo, odwaga)

[4] *okrutny Makdonwald* – Macdonwald, jeden ze zbuntowanych przeciw królowi panów. Słowo Mac pochodzi z języka celtyckiego i oznacza: syn. W połączeniu z nazwiskiem oznaczało, że dana osoba należała do jednej ze szlacheckich rodzin szkockich, tzw. klanów.

[5] *z zachodnich wysp...* – Hebrydy, zachodnie wyspy Szkocji.

[6] *Fortuna* – w mitologii rzymskiej bogini losu i szczęścia.

Aż go rozrąbał od czaszki do szczęki
I głowę jego zatknął nam na murach.

Dunkan
O zacny mężu, waleczny Makbecie!

Żołnierz
Jak gdy ze wschodu, skąd słońce zabłysło,
Wypada burza brzemienna gromami,
Tak z radosnego nam przed chwilą źródła
Wynikła nowa bieda. Uważ, królu:
Zaledwie słuszność, uzbrojona męstwem,
Zmusiła nędznych kernów do ucieczki
Natychmiast, szczęścia próbując na nowo,
Wzmocniony świeżym ludem i rynsztunkiem,
Natarł norweski władca.

Dunkan
Czyż nie strwożyło
To naszych wodzów, Makbeta i Banka?

Żołnierz

Żołnierz o odwadze Makbeta i Banka

Jak wróble orła albo lwa zające.
Zaprawdę, zdało się, że to dwa działa
Podwójnie ostrym ładunkiem nabite.
Z tak podwojoną uderzyli siłą
Na nieprzyjaciół. Czy chcieli się skąpać
W gorących ranach, czy też upamiętnić
Drugą Golgotę, tego już nie umiem
Powiedzieć. Siły już mnie opuszczają
I rany moje wzywają pomocy.

Dunkan
Zdobią cię one tak samo jak wieści,
Które przyniosłeś: jak jedne, tak drugie
Tchną chwałą. Niech go opatrzą lekarze.
Żołnierz wsparty na ramieniu dwóch innych wychodzi. Wchodzi Rosse.
Któż się to zbliża?

Malkolm
Szlachetny tan[7] Rosse.

Lennox
Skwapliwy pośpiech widać w jego oczach.

---
[7] *tan* – wysoka ranga feudalnego wasala. Był to używany w Szkocji tytuł szlachecki, oznaczający dziedzicznego naczelnika hrabstwa.

Kto tak wygląda, ten bywa zwiastunem
Niezwykłych rzeczy.

Rosse

Niech Bóg chroni króla!

Dunkan

Witaj, szlachetny tanie! skąd przybywasz?

Rosse

Z Fajf[8], miłościwy królu, gdzie norweski
Sztandar przed naszym pochylony wieje
I chłodzi nasze wojska. Dumny Norweg[9],
Sam przez się silny, a do tego jeszcze
Wsparty przez tego nikczemnego zdrajcę
Tana Kawdoru[10], srogi bój rozpoczął –
Gdy wtem Bellony[11] szczęsny oblubieniec,
Makbet, okryty zbroją, jako skała
Stanął przeciwko niemu i samowtór
Ramię z ramieniem, ostrze z ostrzem starłszy,
Ukrócił hardy jego umysł: słowem,
Zwycięstwo przy nas.

Dunkan

Szczęsny dniu!

Rosse

Król Sweno
Prosi o pokój i nie wprzód mu wolno
Pogrzebać ludzi poległych w tej bitwie,
Aż nam do skarbca na wyspie Sankt Kolmes[12]
Dziesięć tysięcy dolarów wypłaci.

Dunkan

Nie będzie mi już bruździł ten tan Kawdor;
Już zdradom jego naznaczona meta.
Idź mu śmierć obwieść, tanie, i Makbeta
Powitaj jego mianem.

Dunkan – nadanie Makbetowi tytułu tana Kawdoru

Rosse

Spieszę, panie.

---

[8] *Fajf* – Fife, hrabstwo w Szkocji.

[9] *dumny Norweg* – król Sweno; wiadomość o najeździe zaczerpnął Szekspir z *Kronik Anglii, Szkocji i Irlandii* Holinsheda.

[10] *Kawdor* – Cawdor nieistniejące dziś hrabstwo między Forres a Inverness.

[11] *Bellona* – w mitologii rzymskiej bogini wojny, żona Marsa.

[12] *wyspa Sankt Kolmes* – wyspa przy wschodnim wybrzeżu Szkocji, zwana także Inchcolm.

Dunkan
Co on utracił, to Makbet dostanie.
Wychodzą wszyscy.

SCENA 3

Dzika okolica.
Grzmi. Wchodzą trzy Czarownice.

Pierwsza Czarownica
Gdzieś była, siostro?

Cechy dramatu szekspirowskiego – postacie fantastyczne

Druga Czarownica
Wieprze zarzynałam[13].

Trzecia Czarownica
A ty gdzie? Opisz swoje dzieła.

Pierwsza Czarownica
Żona jednego kupca wełny
Kasztanów miała rańtuch pełny
I złote łuszczyła z nich jądro.
„Daj mi je", rzekłam, a ta kukła
Ze wzgardą na mnie fukła:
„Precz, stary czopie, precz, ty flądro!"
Poczekaj no, pomyślałam, ptaszku,
Pokażę ja ci, czy jestem czop!
Mąż jej popłynął do Damaszku,
Na sicie śmignę za nim w trop
I w spodzie okrętu skurczona
Przycupnę jak szczur bez ogona[14];
Za babę odpowie mi chłop.

Druga Czarownica
Mój wiatr ci dam.

Trzecia Czarownica
I ja mój dam.

Pierwsza Czarownica
Dziękuję wam.
W mocy mej wszystkie inne mam;

---

13 *wieprze zarzynałam* – w czasach Makbeta sądzono, że powodem chorób i pomoru zwierząt były czary.

14 *Jak szczur bez ogona* – wierzono, że czarownice mogą przybierać postać zwierząt, zwierzęta te jednak nie posiadają ogona.

Wszystkie porty, gdzie szaleją,
I przeciągi, kędy wieją
Zmienną róży swej koleją;
Kłuć go będę, szczypać, dręczyć,
Cherlać musi i kawęczyć;
Jak wiór wyschnie, jak trup zblednie,
Snu nie znajdzie w noc i we dnie.
Przez dni siedm, siedm raz siedm
Pastwą będzie wrażych wiedm;
A jeżeli z burz nawały
Okręt jego ma wyjść cały,
Trzeba, by go wichrów szały
Tęgo pierwej skołatały.
Patrzcie, co to ja mam.

Druga Czarownica
Pokaż nam.
Jakiś skóry kawalec.

Pierwsza Czarownica
Sternika to jest palec,
Którego orkan mój pomacał,
Kiedy do domu wracał.

Trzecia Czarownica
Trąba brzmi, puzon dmie:
Makbet, Makbet zbliża się.

Wszystkie trzy
Dalej, dalej, siostry wiedźmy,
Czarodziejski krąg zawiedźmy
Ot tak, ot tak, ot tak;
Trzykroć tak i trzykroć wspak,
Trzykroć jeszcze do dziewięciu.
Pst! – już po zaklęciu.
Wchodzą Makbet i Banko.

Makbet
Tak ponurego dnia i tak pięknego,
Jak żyję, nigdy jeszcze nie widziałem.

Banko
Dalekoż jeszcze Forres? Ale któż są
Te tam postacie wywiędłe i szpetne?
Nie zdają się mieć nic wspólnego z ziemią,
Są jednak na niej. Czy jesteście żywe?
Zdolne na ludzką mowę odpowiedzieć?

Czarownice – wygląd

Zdawałoby się, że mnie rozumiecie,
Bo wszystkie razem chude swoje palce
Do ust zapadłych przykładacie. Pozór
Niewieści macie, ale wasze brody[15]
Nie pozwalają mi w tę płeć uwierzyć.

Makbet
Jeśli możecie, mówcie – kto jesteście?

Pierwsza Czarownica
Cześć ci, Makbecie! Cześć ci, tanie Glamis[16]!

Czarownice – przepowiednia przyszłości Makbeta

Druga Czarownica
Cześć ci, Makbecie! Cześć ci, tanie Kawdor!

Trzecia Czarownica
Cześć ci, Makbecie! Przyszły królu, cześć ci!

Banko
Czego się wzdrygasz, zacny przyjacielu?
Zdajesz się jakby przerażony wróżbą
Tak mile brzmiącą? W imię prawdy! mówcie:
Jesteście wy tylko łudzącymi mary,
Czy rzeczywiście tym, czym się rzekomo
Jawicie oku? Szlachetnego mego
Współtowarzysza broni pozdrawiacie
Rzędem tytułów, przechodzących wszelkie
Jego nadzieje, mnie nic nie mówicie.
Jeśli, świadome siejby czasu, wiecie,
Które się ziarno udać ma, a które
Zmarnieć, żadnego nie wydawszy plonu,
Przemówcie do mnie, który ani stoję
O wasze względy, ani się niełaski
Waszej obawiam.

Czarownice
Cześć ci, Banko, cześć!

Pierwsza Czarownica
Mniej wielkim będziesz niż Makbet, a większym.

Czarownice – przepowiednia przyszłości Banka

Druga Czarownica
Nie tak szczęśliwym, a przecie szczęśliwszym.

---

[15] *wasze brody* – broda była jedną z charakterystycznych cech czarownicy.

[16] *tan Glamis* – godność tana Glamis była dziedziczna w rodzie Makbeta; zamek Glamis w Szkocji istnieje do dziś.

Trzecia Czarownica
Nie będąc królem, królów płodzić będziesz:
Cześć wam więc obu, Makbecie i Banko!

Pierwsza Czarownica
Makbecie, Banko, cześć wam!

Druga Czarownica
Cześć wam!

Trzecia Czarownica
Cześć wam!

Makbet
Ciemne Sybille, więcej mi powiedzcie!
Przez śmierć Sinela[17] jestem tanem Glamis,
O tym wiem; ale skądże tanem Kawdor?
Tan Kawdor żyje w szczęściu i dostatku.
Królem zaś zostać jest to dla mnie rzeczą
Mniej jeszcze mieścić się mogącą w sferze
Prawdopodobieństw niż być tanem Kawdor.
Mówcie, skąd macie tę dziwną wiadomość?
I w jakim celu nas tu na tych wrzosach
Zatrzymujecie tak dziwnym proroctwem?
Odpowiadajcie, rozkazuję wam.
Czarownice znikają.

Banko
Ziemia wydaje bańki tak jak woda:
Mieliśmy próbę ich. Gdzież one prysły?

Makbet
W powietrze. Co się zdawało cielesne,
To się rozwiało jako z wiatrem oddech.
Gdyby się były jedną chwilę dłużej
Wstrzymały!

Banko
Powiedz mi, czy rzeczywiście
Było tu owo coś, o czym mówimy,
Czy też, nie wiedząc o tym, spożyliśmy
Ową niezdrową roślinę[18], od której
Zmysły się mącą?

---

[17] *Sinel* – był ojcem Makbeta.

[18] *niezdrowa roślina* – trujące rośliny o właściwościach halucynogennych, blekot, cykuta, szalej.

Makbet

Masz być ojcem królów.

Banko

A ty sam królem.

Makbet

I tanem Kawdoru.
Czy nie tak brzmiało to, cośmy słyszeli?

Banko

Tak, co do joty. Któż to ku nam zdąża?

Wchodzą Rosse i Angus.

Rosse

Król się z najwyższą radością dowiedział
O twym podwójnym zwycięstwie, Makbecie.
Kiedy mu twoje osobiste starcie
Z wodzem powstańczych wojsk opisywano,
Zdumienie wiodło w nim spór z uwielbieniem
I usta jego sypały pochwały;
Lecz słów mu na nie zbrakło, gdy usłyszał,
Jak to jeszcze w tym samym dniu, niczym
Nieustraszony, nawet widokiem
Własnego dzieła, na pobojowisku
Rozbiłeś norweskie hufce. Lotem ptaka
Szła wieść za wieścią, a każdy jej goniec
Podnosił twoje zasługi w obronie
Praw majestatu i dodawał wątku
Do chwały twego imienia.

Angus

Jesteśmy
Przysłani, wodzu, żeby ci oznajmić
Królewską wdzięczność, żeby cię przed króla
Powieść oblicze, nie żeby wypłacić
Dług waleczności twojej przynależny.

Rosse

Jako zapowiedź większych zaszczytów, Makbecie,
Jakie cię czekają, kazał mi król ciebie
Powitać tanem Kawdoru.
Cześć ci więc pod tym tytułem, cny tanie,
Bo od tej pory on jest twoim.

Banko

do siebie

Przebóg!
Więc szatan mówi prawdę?

Makbet

Kawdor żyje,
Dlaczegóż w cudze szaty mnie stroicie?

Rosse

Ten, co tę nazwę nosił, żyje jeszcze;
Ale na jego życiu niegodnym,
Surowy ciąży wyrok! Czy on w zmowie
Był z Norweżczykiem, czy skrytą pomocą
Wspierał przywódcę buntu, czy nareszcie
Knuł z obydwoma zamach na kraj własny,
Tego ja nie wiem, tylko wiem, że zdrada
Stanu, wyznana i udowodniona,
Upadku jego stała się przyczyną.

Makbet

do siebie

Glamis i Kawdor! Najważniejszej jeszcze
Brakuje rzeczy.

głośno

Dzięki wam, panowie.

na stronie do Banka

Czy wątpisz widzieć twe dzieci królami,
Gdy ci te same usta to przyrzekły,
Które nazwały mnie tanem Kawdoru?

Makbet – zaczyna myśleć o zbrodni

Banko

na stronie do Makbeta

Wieszczba ta, jeśli w nią uwierzysz,
Może zapalić w tobie niebezpieczną
Żądzę korony. Często, przyjacielu,
Narzędzia piekła prawdę nam podają,
Aby nas w zgubne potem sieci wplątać;
Łudzą nam duszę pozorem słuszności,
Aby nas znęcić w przepaść następstw.

głośno

Słówko,
Mości panowie.

Banko – ostrzeżenie Makbeta przed zbytnią wiarą we wróżby

Makbet

do siebie

Dwie wróżby, będące
Niby prologiem świetniejszej przyszłości,
Już się sprawdziły.

głośno

Za trud wasz, panowie,
Wdzięczny wam jestem.

znowu do siebie

To nadprzyrodzone
Proroctwo złe być nie może, nie może
Także być dobre. Jeśli złe, dlaczegóż
Zapowiedziało mi wiernie godziwy
Początek mego powodzenia? Jeśli,
Przeciwnie, dobre, dlaczegóż mi skrycie
Nasuwa myśli, od których strasznego
Obrazu włos mi się jeży i serce
Moje dzielne wbrew naturze bije?
Obecna zgroza nie tyle jest straszna,
Ile okropne twory wyobraźni,
Mordercze widma, bytujące dotąd
Tylko w fantazji mojej, tak dalece
Wstrząsają moje jestestwo, że wszystkie
Męskie me władze w sen się ulatniają
I to jest tylko we mnie, czego nie ma.

Makbet – wstręt do zbrodni; walka wewnętrzna

Banko

na stronie

Czy wy widzicie, jak się nasz przyjaciel
Zadumał?

Makbet

zawsze do siebie

Jeżeli los chce, abym był królem,
Niech mię bez przyczynienia się mojego
Ukoronuje.

Banko

jak wyżej

Nowe dostojeństwa
Są snadź dla niego jako nowa suknia,
Która czas jakiś noszona dopiero
Dobrze przystaje.

Makbet

jak wyżej

Niech będzie, co będzie;
Czas wszystko równo w swym unosi pędzie.

Banko

Szlachetny tanie, czekamy na ciebie.

Makbet

Wybaczcie, umysł mój był zaprzątnięty
Odgrzebywaniem zapomnianych rzeczy.
Trud wasz, panowie moi, zapisałem
Do księgi, którą co dzień odczytuję[19].
Idźmy do króla.

do Banka

Nie zapomnij o tym,
Co zaszło, a gdy czas znajdziesz po temu
I bieg wypadków pokaże, o ile
Można do tego wagę przywiązywać,
Poufnie o tym pomówimy znowu.

Banko

Najchętniej.

Makbet

Teraz dość. Idźmy, panowie.

Wychodzą.

SCENA 4

Forres. Sala w pałacu.
Odgłos trąb. Wchodzi Dunkan, za nim Malkolm, Donalbein, Lennox i orszak.

Dunkan

Czy wykonany wyrok na Kawdorze?
I ci, co byli w tym celu wysłani,
Czy są z powrotem już?

Malkolm

Jeszcze ich nie ma,
Ale mówiłem z kimś, co był obecny
Przy jego śmierci; bez ogródek wyznał
On swoją zdradę, błagał przebaczenia

[19] *do księgi, którą co dzień odczytuję* – czyli w pamięci.

Waszej królewskiej mości i okazał
Szczery, głęboki żal; nic w ciągu życia
Nie odznaczyło go tak szlachetnością
Jak rozstawanie się z życiem. Umierał,
Jakby był w śmierci ćwiczony, i jako
Nikczemną fraszkę odrzucił od siebie
To, co mu było najdroższe[20].

Dunkan

Nie sposób
Z oblicza dociec usposobień duszy.
Ja w tym człowieku pokładałem ufność
Najzupełniejszą, nieograniczoną. –
Witaj, przezacny kuzynie[21].

Wchodzą Makbet, Banko, Rosse i Angus.

Niewdzięczność
Kamieniem właśnie tłoczyła mi serce.
Takeś daleko naprzód się posunął,
Że mój najszczerszy zapał wywdzięczenia
Nie zdołałby cię doścignąć. Wolałbym,
Żebyś był zasług nie tyle położył,
Bobym mógł prędzej znaleźć odpowiedni
Zasób podzięk i nagród. Przyjmij choć
W ich niedostatku to szczere wyznanie,
Żem więcej dłużny, niżem oddać w stanie.

Makbet

Służba i honor, którym życie święcę,
W wykonywaniu swoich obowiązków
Hojną znajdują już nagrodę. Waszej
Królewskiej mości pozostaje tylko
Przyjmować owoc naszych usiłowań;
Bo siły nasze są dziećmi, sługami
Tronu i państwa i pełnią jedynie
Swoją powinność, ściśle wypełniając
To, co im miłość ku swemu monarsze
I dobro kraju nakazuje.

Makbet o sobie – deklaracja honoru i służby królowi (postawa rycerza)

Dunkan

Bądź
Pozdrowiony na tym miejscu; jesteś drzewem
Mojego szczepu, które pielęgnować
Będę, ażeby bujnie się rozrosło.

---

[20] *co mu było najdroższe* – życie.

[21] *przezacny kuzynie* – Makbet był kuzynem króla.

Szlachetny Banko, tyś nie mniej położył
Zasług i nie mniej też będzie wiadomo,
Żeś je położył. Pójdź, niech cię przycisnę
Do mego serca.

Banko

Jeśli na takim
Wyrosnę gruncie, żniwo twoje będzie, królu.

Dunkan

Obecna moja radość w pełni swojej
Nie zapomina o troskach. Synowie,
Krewni, tanowie i wy zgoła wszyscy,
Którzy najbliżej nas stoicie, wiedzcie,
Żeśmy koronę naszą zamierzyli
Zdać najstarszemu z synów, Malkolmowi,
Który się odtąd księciem Kumberlandu[22]
Nazywać będzie. Nie on jednak tylko
Sam jeden nową ma otrzymać godność;
Znaki szlachectwa jako gwiazdy błyszczeć
Będą na wszystkich, którzy tego warci.
A teraz dalej do Inverness[23]! Sprawcie,
Bym wam i nadal był zobowiązany.

Dunkan – ustanowienie Malkolma swoim następcą

Makbet

Starać się o to będziemy. Pospieszę
Ucieszyć ucho mojej żony wieścią
O bliskim władcy naszego przybyciu.
Wybaczy wasza królewska mość przeto,
Że się oddalę.

Dunkan

Kochany Kawdorze!

Makbet

do siebie

Książę Kumberland! Trzeba mi usunąć
Z drogi ten szkopuł, inaczej bym runąć
Musiał w pochodzie. Gwiazdy, skryjcie światło,
Czystych swych blasków nie rzucajcie na tło
Mych czarnych myśli; nie pozwólcie oku
Napotkać dłoni ukrytej w pomroku,
Aby się mogło przy spełnieniu zatrzeć

Makbet – plany zbrodni (postawa zbrodniarza)

[22] *Kumberland* – Cumberland, hrabstwo w Anglii, w tym czasie było lennem Szkocji; księciem Cumberlandu nazywano następcę tronu szkockiego.

[23] *do Inverness* – zamek Makbeta; miejscowość niedaleko Forres z zamkiem z XV w.

To, na co strach mi po spełnieniu patrzeć.
Wychodzi.

Dunkan
W istocie dzielny to człowiek, mój Banku,
Nie mogę się dość jego zaletami
I oddawaniem mu pochwał nasycić:
To bankiet dla mnie. Udajmy się za nim
Tam, gdzie nas jego troskliwość uprzedza.
Nieporównany to skarb, taki krewny.
Odgłos trąb. Wychodzą.

SCENA 5

Inverness. Sala w zamku Makbeta.
Wchodzi Lady Makbet, czytając list.

Lady Makbet

List Makbeta do żony

„Spotkałem je w dniu zwycięstwa i przekonałem się głęboko, że ich wiedza przechodzi zakres śmiertelnej natury. Kiedy, pałając chęcią dowiedzenia się czegoś więcej, miałem im dalsze zadawać pytania, rozpłynęły się w powietrzu i znikły. Jeszcze stałem odurzony tym zdarzeniem, gdy wtem nadeszli posłowie od króla, powitali mię tanem Kawdoru, którym to tytułem pozdrowiły mię były przed chwilą owe tajemnicze zjawiska, przekazując mi zarazem na później świetniejszy tytuł wyrazami: »Cześć ci, przyszły królu!« Uznałem za stosowne powiadomić cię o tym, droga wielkości mojej uczestniczko, abyś przez nieświadomość, jaka ci przyszłość jest zapowiedziana, nie straciła należnego udziału w wynikającej stąd radości. Weź to do serca i bądź zdrowa."

Lady Makbet o cechach męża (dobroć, niechęć do okrucieństwa)

Glamisu tanem jesteś i Kawdoru,
I będziesz, czym ci, że będziesz, wróżono;
Boję się tylko, czy twoja natura,
Zaprawna mlekiem dobroci, obierze
Najkrótszą drogę ku temu. Znam ciebie,
Rad byś być wielkim, nie wolnyś od dumy,
Ale uczciwie chciałbyś cel jej posiąść;
Wyniosłość chciałbyś zgodzić ze świętością;
Fałszywie grać byś nie chciał, a jednakże
Pragnąłbyś nieuczciwie wygrać. O Glamisie!
Chciałbyś pozyskać to, co głośno woła:
„Uczyń tak! jeśli chcesz mieć to, czego pragniesz",

A czego lękasz się dokonać bardziej,
Niż pragniesz, aby nie było spełnione.
Spiesz się, przybywaj, abym mego duch mogła
Przelać w twe ucho i ust mych potęgą
Rozwiać to wszystko, co od twojej głowy
Oddala krąg ów złoty, którym, widać,
Sam los i wpływy tajemniczych potęg
Postanowiły cię uwieńczyć. Cóż tam?
Wchodzi sługa.

Sługa
Król na noc będzie tu.

Lady Makbet
Szalony jesteś.
Czyż nie jest z nim twój pan? Gdyby tak było,
Byłby mię o tym powiadomił.

Sługa
Wybacz,
Dostojna lady, szczerą mówię prawdę –
Nasz tan przybędzie lada chwila: jeden
Nadworny luzak przyniósł tę wiadomość,
Tak zadyszany, że mu tchu nie stało
Do wymówienia jej.

Lady Makbet
Niechaj mu dadzą
Wszelkie wygody. Wielką wieść zwiastuje:
Nie dziw, że stracił dech.
Wychodzi sługa.
Ochrypł kruk[24] nawet,
Który fatalne przybycie Dunkana
Do mych bram, kracząc, obwieszcza. Przybądźcie,
Przybądźcie, o wy duchy, żywiciele
Zabójczych myśli[25], z płci mej mię wyzujcie
I napełnijcie mię od stóp do głowy
Nieubłaganym okrucieństwem! Zgęśćcie
Krew w moich żyłach: zatamujcie wszelki
W mym łonie przystęp wyrzutom sumienia,
By żaden podszept natury nie zdołał
Wielkiego mego przedsięwzięcia zachwiać

Lady Makbet – postanowienie zamachu na Dunkana; cechy (okrucieństwo, wewnętrzna siła, upór)

[24] *ochrypł kruk* – tu: posłaniec, który zwiastując nieszczęście ochrypł.

[25] *duchy, żywiciele/ Zabójczych myśli* – Lady Makbet na wiadomość o przybyciu Dunkana postanowiła wykorzystać okazję i zamordować go.

Ni stanąć w poprzek między mną a skutkiem!
Zbliżcie się do mych piersi, przeistoczcie
W żółć moje mleko[26], o wy, śmierć niosące
Potęgi, które niewidzialnie krążąc
Na szkodę świata czatujecie! Spuść się,
Ponura nocy, oblecz się w najgęstszy
Dym piekieł, aby mój sztylet nie ujrzał
Rany przez siebie zadanej, i niebo,
Przez nie dość ciemny kir mroku przejrzawszy,
Nie zawołało: „Stój!"

Wchodzi Makbet.

Dzielny Glamisie!
Wielki Kawdorze! Stokroć jeszcze większy
Oczekującą cię przyszłością! List twój
Daleko przeniósł mię nad zakres marnej
Teraźniejszości i w obecnej chwili
Czuję to, co będzie.

Makbet

Luba żono, Dunkan
Zjeżdża tu na noc.

Lady Makbet

I odjeżdża?

Makbet

Jutro.
Taki przynajmniej jego zamiar.

Lady Makbet

Nigdy
Nie ujrzy słońce tego jutra! Twoje
Oblicze, mężu, jest istną tablicą,
Na której skryte rzeczy można czytać.
Chcąc świat oszukać stosuj się do świata,
Ubierz w uprzejmość oko, dłoń i usta,
Wyglądaj jako kwiat niewinny, ale
Niechaj pod kwiatem tym wąż się ukrywa.
Dołóżmy wszelkich starań, żeby tego,
Co tu ma przybyć, przyjąć jak najlepiej,
Myśl o tym tylko, memu zaś myśleniu
Pozostaw wielkie zadanie tej nocy,
Które, jeśli się działać nie przestraszym,
Nada blask przyszłym dniom i nocom naszym.

---

[26] *przeistoczcie/ W żółć moje mleko* – mleko – symbol łagodności; żółć – złości.

Makbet
Pomówim o tym jeszcze.

Lady Makbet
Rozjaśń czoło:
Lęka się, kto nie patrzy wesoło.
Resztę zdaj na mnie.
Wychodzą.

SCENA 6

Tamże. Przed zamkiem.
Odgłos obojów. Słudzy Makbeta rozstawieni. Wchodzą Dunkan, Malkolm, Donalbein, Banko, Lennox, Makduf, Rosse i Angus.
Za nimi orszak królewski.

Dunkan
Zamek ten w miejscu wdzięcznym położony,
Powietrze jego przyjemnie napawa
I rzeźwi moje zmysły.

Banko
Gość wiosenny,
Jaskółka, owdzie w murach się gnieżdżąca,
Wskazuje swoim pobytem, że niebo
Tchnie tu przyjaźnie: nie ma gzymsu, łuku,
Zakątka, gdzie by ten ptak nie przyczepił
Dla swoich piskląt wiszącej kołyski.
Zauważyłem, że gdzie te ptaszyny
Najchętniej goszczą, tam powietrze bywa
Najczystsze.
Wchodzi Lady Makbet.

Dunkan
Otóż nasza cna gosposia.
Życzliwość, której odbieramy dowód,
Często nas trudów nabawia, jednakże
Wdzięczniśmy za nią, bo z serca pochodzi;
Powiedz nam przeto, milady: „Bóg zapłać”,
I bądź nam wdzięczna za to, że cię trudzim.

Lady Makbet
Wszelkie usługi po dwakroć spełnione
Pod każdym względem, następnie w dwójnasób

Byłyby jeszcze za błahe, za liche
Do wyrównania temu wysokiemu,
Drogocennemu zaszczytowi, którym
Wasza królewska mość nasz dom obdarzasz.
Pomni łask dawnych i świeżo doznanych,
Będziem się, panie, za pomyślność twoją
Szczerze modlili.

Dunkan

Gdzież jest nasz tan Kawdor?
Biegliśmy za nim w trop; chcieliśmy nawet
Nocleg dla niego przygotować, ale
Jemu niełatwo sprostać w konnej jeździe
I miłość jego, szybsza od rumaka,
Dawno musiała nas uprzedzić. Tak więc,
Piękna, kochana gosposiu, jesteśmy
Na tę noc gościem waszym.

Lady Makbet

Słudzy waszej
Królewskiej mości zawsze są gotowi
Zdać porachunek z tego, co im było
Dane pod zarząd, i na rozkaz waszej
Królewskiej mości powrócić jej własność.

Dunkan

Podaj mi rękę, nadobna milady;
Zaprowadź mię do gospodarza domu:
Wielce kochamy go i nie przestaniem
Nadal go o tym przekonywać. Pozwól.

Wychodzą.

SCENA 7

Tamże. Sala w pałacu.
Odgłos obojów. Pochodnie pozapalane. Krajczy nadworny a za nim kilku sług z półmiskami i różnym przyrządem przechodzą przez scenę. Po niejakiej chwili wchodzi Makbet.

Makbet

Jeśli to, co się ma stać, stać się musi,
Niechby przynajmniej stało się niezwłocznie.
Gdyby ten straszny cios mógł przeciąć wszelkie
Dalsze następstwa, gdyby ten czyn mógł być

Makbet – wewnętrzna walka przed popełnieniem zbrodni

Sam w sobie wszystkim i końcem wszystkiego
Tylko tu, na tej doczesnej mieliźnie,
O przyszłe życie bym nie stał. Lecz zwykle
W podobnych razach tu już kaźń nas czeka.
Krwawa nauka, którą dajem, spada
Na własną naszą głowę. Sprawiedliwość
Zwraca podaną przez nas czarę jadu
Do własnych naszych ust. Z podwójnych względów
Należy mu się u mnie bezpieczeństwo:
Jestem i krewnym jego, i wasalem.
To samo zbyt już wyraźnie potępia
Taki postępek – lecz jestem, co więcej,
I gospodarzem jego, który winien
Drzwi zamknąć jego zabójcy, nie, odwrotnie,
Sam mu do piersi krwawy nóż przykładać.
A potem – Dunkan tak skromnie piastował
Swą godność, tak był nieskalanie czysty
W pełnieniu swego wielkiego urzędu,
Że cnoty jego, jak anioły nieba,
Piorunującym głosem świadczyć będą
Przeciw wyrodnym sprawcom jego śmierci,
I litość, jako nowo narodzone,
Nagie niemowlę lub cherub siedzący
Na niewidzialnych, powietrznych rumakach,
Wiać będzie w oczy każdemu okropny
Obraz tej zbrodni, aż łzy wiatr zaleją.
Jeden, wyłącznie jeden tylko bodziec
Podżega we mnie tę pokusę, to jest
Ambicja, która przeskakując siebie,
Spada po drugiej stronie.

Makbet – o sobie: ambicja źródłem zbrodniczych zamiarów

Wchodzi Lady Makbet.

Cóż tam?

Lady Makbet

Właśnie
Wstał od wieczerzy. Po coś się oddalił?

Makbet

Czy pytał o mnie?

Lady Makbet

Ty mnie o to pytasz?

Makbet

Nie postępujmy dalej na tej drodze:
Dopiero co mnie obdarzył godnością

I sam dopiero co sobie kupiłem
Złotą u ludzi sławę, sławę, którą
Godziłoby się jak najdłużej w świeżym
Utrzymać blasku, nie zaś tak skwapliwie
Odrzucać.

Lady Makbet

Byłaż pijana nadzieja,
Co cię niedawno jeszcze kołysała?
Zasnęła potem i budzi się teraz,
Żeby ospale, trwożnie patrzeć na to,
Na co tak raźnie wtedy poglądała?
Nie lepsze dajesz mi wyobrażenie
I o miłości twojej. Masz skrupuły
Mężnie w czyn przelać to, czego pożądasz?
Chciałbyś posiadać to, co sam uznajesz
Ozdobą życia, i chcesz żyć zarazem
We własnym uznaniu jak tchórz albo jak
Ów kot w przysłowiu[27] gminnym, u którego
„Nie śmiem" przeważa „chciałbym".

Lady Makbet – krytyka słabości męża

Makbet

Przestań, proszę.
Na wszystko gotów jestem, co jest godne męża;
Kto więcej waży, nie jest nim[28].

Lady Makbet

I jakiż
Zły duch ci kazał tę myśl mi nasunąć?
Kiedyś ją powziął, wtedy byłeś mężem:
O ile byś był więcej tym, czym byłeś,
O tyle więcej byłbyś nim. Nie była
Wtedy po temu pora ani miejsce,
Jedno i drugie stworzyć byłbyś gotów:
Teraz się jedno i drugie nastręcza,
A ty się cofasz? Byłam karmicielką
I wiem, jak to jest słodko kochać dziecię,
Które się karmi; byłabym mu jednak
Wyrwała była pierś z ust nadstawionych,
Które się do mnie tkliwie uśmiechały,
I roztrzaskała czaszkę, gdybym była

Lady Makbet – manipuluje uczuciami męża

Lady Makbet – okrucieństwo, bezwzględność

[27] *ów kot w przysłowiu* – kot chciałby zjeść rybę, ale boi się zmoczyć sobie łapki.

[28] *kto więcej waży nie jest nim* – kto się waży na więcej niż ja, nie jest prawdziwym mężem, lecz szaleńcem lub zbrodniarzem.

Zobowiązała się do tego czynu,
Jak ty do tego.

Makbet

Gdybyśmy chybili?

Lady Makbet

Chybić! Obwaruj jeno swoje męstwo,
A nie chybimy. Skoro Dunkan zaśnie
(Co naturalnie po trudach dnia prędko
Pewnie nastąpi), przyrządzonym winem
Dwóch pokojowców jego tak uraczę,
Że się ich pamięć, ten stróż mózgu, w parę,
A władz siedlisko zamieni w alembik[29].
Gdy snem zwierzęcym ujęci jak trupy
Spoczywać będą, czegoż nie zdołamy
Dokazać wtedy ze śpiącym Dunkanem?
Czego nie złożyć na jego pijaną
Służbę, na którą spadnie cała wina
Naszego mordu?

Plan zbrodni na Dunkanie

Makbet

Rodź mi samych chłopców!
Bo męstwa twego nieugięty kruszec
Nic niewieściego od dziś dnia nie spłodzi.
Skoro śpiących ludzi krwią pomażemy
I użyjemy ich własnych sztyletów,
Któż nie pomyśli, że ta zbrodnia była
Ich dziełem?

Makbet o żonie; ważny cytat

Lady Makbet

Któż ma pomyśleć inaczej?
Zwłaszcza jeżeli jękiem i lamentem
Nad jego śmiercią napełnimy zamek.

Makbet

Niech się więc stanie! Wszystkie moje siły
Nagnę do tego okropnego czynu.
Idźmy i szydźmy z świata jasnym czołem:
Fałsz serca i fałsz lic muszą iść społem.

Wychodzą.

---

[29] *alembik* – dawny przyrząd służący do destylacji, głównie alkoholu.

AKT II

SCENA 1

Inverness. Dziedziniec zamkowy.
Wchodzą Banko i Fleance, przed nimi sługa z pochodnią.

Banko
Jak późno już w noc, chłopcze?

Cechy dramatu szekspirowskiego – nastrojowość

Fleance
Księżyc zaszedł;
Bicia zegara nie słyszałem.

Banko
Księżyc
Zachodzi teraz około dwunastej.

Fleance
Musi już później być, mój ojcze.

Banko
Weź no
Mój miecz. Tam w niebie spać się widać kładą
Po gospodarsku; zgaszono już światła.
Sen mi się ciśnie do oczu, a przecież
Zasnąć bym nie chciał. Dobroczynne moce!
Uciszcie we mnie te okropne myśli,
Które się budzą, gdy ciało spoczywa!
Daj mi miecz!
Makbet wchodzi, przed nim sługa z pochodnią.
Kto tam?

Makbet
Przyjaciel.

Banko
Co widzę?
Ty, panie, jeszcze na nogach? Król śpi już.

W niepospolicie dobrym był humorze
I szczodre dary posłał twoim ludziom;
Małżonce twojej za wielką uprzejmość
Kazał mi pierścień ten doręczyć; słowem,
Zadowolony był zupełnie.

Makbet

Dobra
Chęć nasza była niewolnicą braku
Przygotowania; gdyby była mogła
Swobodnie działać, byłoby inaczej.

Banko

O, i tak wszystko było jak najlepiej.
Myślałem tego wieczora o owych
Trzech widmach: wróżba ich już się po części
Sprawdziła.

Makbet

Ani pomyślałem o nich,
Warto by jednak w wolnej chwili znowu
O tym pomówić. Oznacz czas, kochany
Banko.

Makbet – fałsz, obłuda

Banko

Zostawiam ci go do wyboru.

Makbet

Jeżeli zechcesz wybór mój potwierdzić,
Wynik jego będzie ku tym większej
Czci twojej.

Banko

Żebym jej tylko nie stracił,
Chcąc ją powiększyć, a zachować zdołał
Czyste sumienie i wiarę niezłomną,
Służyć ci będę.

Banko – uczciwość, prawość

Makbet

Dobranoc, tymczasem.

Banko

Dziękuję; życzę ci nawzajem dobrej.

Wychodzą Banko i Fleance.

Makbet

Idź, powiedz pani, żeby zadzwoniła,
Skoro ów napój dla mnie będzie gotów.

Możesz się potem położyć.

Wychodzi sługa.

Czy to jest sztylet, co przed sobą widzę,
Z zwróconą ku mej dłoni rękojeścią?
Pójdź, niech cię ujmę! Nie mam cię, a jednak
Ciągle cię widzę. Fatalne widziadło!
Czyś nie jest ty dla zmysłu dotykania,
Tylko dla zmysłu widzenia dostępny?
Czyś jest sztyletem tylko wyobraźni?
Rozpalonego tylko mózgu tworem?
Widzę cię jednak tak samo wyraźnie
Jako ten, który właśnie wydobywam.
Ty mi wskazujesz jak przewodnik drogę,
Którą iść miałem; takiego też miałem
Użyć narzędzia. Albo mój wzrok błaznem
Jest w porównaniu z resztą moich zmysłów,
Albo jest więcej wart niż wszystkie razem.
Ciągle cię widzę, a na twojej klindze
I rękojeści znamiona krwi, których
Pierwej nie było. Nie ma ich w istocie:
Moja to krwawa myśl jawi je oczom.

Makbet – obsesja zbrodni (gra wyobraźni)

Motyw krwi

Na całym teraz półobszarze[30] świata
Natura zdaje się martwa i straszne
Marzenia szarpią snu cichą zasłonę.
Teraz to władza czarodziejska święci
Ofiary bladej Hekacie[31] i dziki
Mord, podniesiony z legowiska wyciem
Czujnego swego czatownika, wilka,
Którego odgłos jest dla niego hasłem,
Chyłkiem, jak złodziej lub duch, mknie do celu.
O, ty spokojna, niewzruszona w swoich
Posadach ziemio, nie słysz moich kroków,
Aby kamienie nie wypowiedziały,
Gdzie idę, i nie zdradziły alarmem
Tej zgrozy, która ma nastąpić.
Ja się odgrażam, a on jeszcze żyje;
Żar czynu studzi jałowe ględzenie.

Słyszeć się daje odgłos dzwonka.

Dalej! czas nagli; już dzwonka wezwanie
Daje mi sygnał. Nie słysz go, Dunkanie,
Bo tego dzwonka melodia straszliwa
Do nieba ciebie lub do piekła wzywa.

Makbet – postanowienie dokonania zbrodni

Wychodzi.

SCENA 2

Tamże.
Wchodzi Lady Makbet.

Lady Makbet

Co ich uśpiło, to mnie ocuciło,
Co ich zniemogło, we mnie wzmogło siły.
Cóż to jest? Cicho! To puszczyk zahuczał,
Złowrogi ten stróż nocny, który groźnie
Woła dobranoc. On tam jest; podwoje
Na wpół otwarte; pijane pachołki
Szydzą chrapaniem z swego obowiązku.
Taki im napój[32] dałam, że natura
I śmierć spór teraz wiodą o ich życie.

---

[30] *na (...) półobszarze świata* – na pogrążonej w nocnym mroku półkuli ziemskiej.
[31] *Hekate* – w mitologii greckiej bogini wojny, czarów i magii; tu: bogini zbrodni.
[32] *napój* – wino zmieszane z silnym narkotykiem mogło spowodować śmierć przez otrucie.

Makbet
za sceną
Kto tu? hej!

Lady Makbet
Biada! pewnie się ocknęli
I wszystko na nic. Zamach to, nie zbrodnia,
Zgubi nas. Cicho! Pokładłam sztylety
Przecie tuż przy nich; nie mógł ich nie znaleźć.
Gdyby był we śnie nie tyle podobny
Do mego ojca, byłabym się była
Niechybnie sama na to odważyła.
Ha! I cóż?
Wchodzi Makbet.

Lady Makbet – okrucieństwo

Makbet
Stało się. Słyszałaś hałas?

Lady Makbet
Słyszałam sowy krzyk i poświerk świerszcza,
Cóżeś to mówił, mężu?

Makbet
Kiedy?

Lady Makbet
Teraz.

Makbet
Gdy tu wchodziłem?

Lady Makbet
Tak.

Makbet
Cicho! Czy słyszysz?
Kto śpi w tamtym pokoju?

Lady Makbet
Donalbein.

Makbet
przypatrując się swoim rękom
Żałosny to jest widok!

Lady Makbet
Wstydź się mówić:
Żałosny widok; tchórzliwy tak mówi.

Makbet
Jeden się zaśmiał przez sen, drugi krzyknął:
„Ratunku!”, aż się przebudzili wzajem;
Jam stał i słuchał, ale oni cicho
Zmawiali pacierz i znów się spokojnie
Do snu pokładli.

Lady Makbet
Tam ich dwóch jest.

Makbet
Jeden
Zawołał: „Boże, zmiłuj się nad nami!”,
A drugi: „Amen”, jakby mię widzieli
Z tymi rękami kata stojącego
I śledzącego ich trwogę. Jam nie mógł
Powiedzieć amen wtenczas, kiedy oni
Mówili: „Boże, zmiłuj się nad nami!”

Lady Makbet
Nie zastanawiaj się nad tym tak pilnie.

Makbet
Dlaczegoż tego nie mogłem powiedzieć?
Potrzebowałem bardzo zmiłowania,
A jednak amen zamarło mi w ustach.

Lady Makbet
Nie trzeba sobie takich rzeczy w takim
Świetle wystawiać; inaczej by przyszło
Oszaleć.

Cechy dramatu szekspirowskiego: ironia (Lady Makbet o obłędzie)

Makbet
Zdało mi się, że słyszałem
Głos wołający: „Nie zaśniesz już więcej!”
Makbet zabija sen, niewinny sen,
Który zwikłane węzły trosk rozplata,
Grzebie codzienne nędze; sen, tę kąpiel
Znużonej pracy, cierpiących serc balsam,
Odżywiciela natury, głównego
Posiłkodawcę na uczcie żywota.

Ważny cytat; motyw snu; Makbet – wyrzuty sumienia, świadomość, że już nigdy nie zazna spokoju

Lady Makbet
Co wygadujesz!

Makbet
Ciągle mi brzmiał w uszach
Ten głos: „Nie zaśniesz, nie zaśniesz już więcej!”

Makbet – wyrzuty sumienia

Glamis sen zabił, dlatego też Kawdor
Nie zaśnie; Makbet nigdy już nie zaśnie.

Lady Makbet
Któż to tak wołał? O, szlachetny tanie,
Rozmiękczasz w sobie tęgość ducha, marząc
Tak chorobliwie. Idź, weź trochę wody
I obmyj rękę z tych plugawych znamion.
Po coś tu z sobą przyniósł te sztylety?
Tam jest ich miejsce. Idź, odnieś je, pomaż
Krwią tamtych ludzi.

Cechy dramatu szekspirowskiego – ironia (motyw „mycia rąk")

Makbet
Już tam moja noga
Nie wejdzie. Wzdrygam się, kiedy pomyślę
O tym, com zrobił; widok tego byłby
Nad moje siły.

Lady Makbet
Kaleka na duchu!
Daj te sztylety. Śpiący i umarli
Są obrazkami tylko; nikt, prócz dzieci,
Malowanego nie lęka się diabła.
Sama ubarwię krwią ręce i szaty
Tych dwóch pachołków, bo oni się muszą
Wydać sprawcami zbrodni.

Lady Makbet – z szyderstwem o mężu

Wychodzi.
Słychać z zewnątrz kołatanie.

Makbet
Skąd ten odgłos?
Cóż się to ze mną stało, kiedy lada
Szmer, lada szelest przejmuje mię dreszczem?
Co to za ręce? Ha! wzrok mi pożera
Ich widok. Czy by mógł cały ocean
Te krwawe ślady spłukać z mojej ręki?
Nie, nigdy! raczej by ta moja ręka
Zdołała wszystkich mórz wody zrumienić
I ich zieloność w purpurę zamienić.
Lady Makbet wraca.

Motyw „mycia rąk" – pragnienie oczyszczenia się ze zbrodni

Lady Makbet
Ręce mam twoim podobne, lecz wstyd by
Spalił mi lica, gdybym miała serce
Białe[33] jak twoje.

---

[33] *serce/Białe* – tchórzliwe.

kołatanie

Słychać kołatanie
U południowej bramy; przejdźmy żywo
Do naszych komnat. Kilka kropel wody
Oczyści nas wnet z plamy tego czynu.
Jakże on wtedy będzie lekki! Męstwo
Całkiem cię, widzę, opuściło.

kołatanie

Słyszysz,
Znów kołatają. Przywdziej nocny ubiór,
Ażeby skoro wyjść potrzeba będzie,
Nie pokazało się, żeśmy czuwali.
Przestańże gubić się tak nędznie w myślach.

Cechy dramatu szekspirowskiego – ironia (motyw „mycia rąk")

Makbet

Zamiast uczucia takiej okropności.
Lepiej byłoby utracić poczucie
Samego siebie.

kołatanie

Zbudź tym kołataniem
Dunkana! Obyś mógł tego dokonać!

kołatanie

Makbet – wyrzuty sumienia, przerażenie

SCENA 3

Tamże.
Wchodzi Odźwierny. Ciągłe kołatanie do bramy.

Odźwierny

To dopiero wybijanie! Gdyby przy bramie piekła był odźwierny, wiecznie by tylko musiał klucz obracać.

kołatanie

Stuk! stuk! stuk! kto tam? W imię Belzebuba[34]! To jakiś dzierżawca, co się powiesił z rozpaczy, że się zboże zanadto sypało. W porę waść przychodzisz. A czy masz przy sobie zapas chustek? bo się tu siarczyście napocisz.

kołatanie

Stuk! stuk! stuk! kto tam? W imię innego diabła! To jakiś krętacz, co umiał na dwóch stołkach siadać i na każdym odprzysięgał się

Cechy dramatu szekspirowskiego – złamanie zasady stosowności (komizm, wulgarność)

[34] *Belzebub* – demon, książę piekieł.

drugiego; co w imię Boże popełnił występków bez liku, a jednak nie mógł się wkręcić do nieba. Pójdź, pójdź, mości krętaczu.

kołatanie

Stuk! stuk! stuk! kto tam? Do wszystkich diabłów! To angielski krawiec[35], co spekulował na odkrawkach z francuskich spodni. Pójdź tu, krawcze. A czy przynosisz z sobą żelazko do prasowania? bo tu będziesz mógł wybornie rozgrzać duszę.

kołatanie

Stuk! stuk! stuk! Rychłoż się to skończy? Coś ty za jeden? Ale tu za chłodno na piekło i nie chce mi się być dłużej odźwiernym u Lucypera, a chciałem wpuścić po jednym z każdego cechu, z takich, co to wesołą, wiośnianą drogą zdążają do wieczystych sobótek.

kołatanie

Zaraz! zaraz! A proszę, nie zapomnijcie też o odźwiernym!

Otwiera bramę.
Wchodzą Makduf i Lennox.

Makduf
Czyś się tak późno spać położył, mój przyjacielu, że tak późno wstajesz?

Odźwierny
W rzeczy samej, do usług waszej wielmożności, piło się trochę tej nocy! już drugi kur piał, kiedyśmy się spać pokładli, a picie, z przeproszeniem waszej wielmożności, jest ojcem trzech rzeczy.

Makduf
Cóż to za trzy rzeczy, które piciu swój byt winne?

Odźwierny
Czerwony nos, panie, śpiączka i uryna. Co się tyczy miłości, jest ono po części jej ojcem, a po części nie jest, bo pobudza żądzę, a wstrzymuje wykonanie; dlatego wielkie picie można nazwać wiarołomcą miłości, bo ją rodzi i uśmierca; podżega ją i ostudza; pociąga ją i odpycha; daje jej egzystencję, ale bez konsystencji; kołysze ją do snu i kłamiąc jej rzeczywistością, w rzeczywistości ją upośledza.

Makduf
Musiało ci ono dużo tej nocy nakłamać.

Odźwierny
Nie inaczej, panie, miałem jego kłamstw aż po dziurki, ale mu się nie dałem i chociaż mię kilka razy z nóg ścięło, przecież w końcu udało mi się je zrzucić.

Makduf
Czy twój pan wstał już? Nasze kołatanie

---

[35] *angielski krawiec* – aluzja do krawca, który stale okradał klientów z powierzonego materiału, co mu się udawało przy obszernym ubraniu, wpadł jednak przy szyciu obcisłych francuskich spodni.

Przebudziło go pewnie. Oto idzie.
Makbet wchodzi.

Lennox
Dzień dobry, wodzu.

Makbet
Dzień dobry wam wzajem.
Mili panowie.

Makduf
Czy król wstał?

Makbet
Nie jeszcze.

Makduf
Kazał mi wcześnie się zbudzić, i tak już
Spóźniliśmy się o godzinę.

Makbet
Chcecie,
Bym was do niego zaprowadził?

Makduf
Wiem ja,
Szlachetny tanie, że podejmowane
W podobnych razach trudy są radosne
Waszemu sercu, trudami jednakże
Być nie przestają.

Makbet
Ochoczość usługi
Rzeźwi fatygę. Oto drzwi do króla.

Makduf
Będę tak śmiały wejść, bo mam po temu
Wyraźny rozkaz.
Wychodzi.

Lennox
Czy król dziś odjeżdża?

Makbet
Tak postanowił.

Lennox
Noc ta nadzwyczajnie
Była burzliwa; gdzieśmy spali, wicher
Zerwał kominy i w powietrzu słychać

Było, jak mówią, żałosne jęczenia,
Dziwne rzężenia jakby konających
I głośnym głosem zwiastowane wieszczby
Straszliwych pożóg i różnych wypadków
Znamionujących opłakane czasy.
Ptak nocny kwilił i ziemia podobno
Trzęsła się cała jak w febrze.

Cechy dramatu szekspirowskiego – nastrojowość (opis nocy, podczas której zamordowano Dunkana)

Makbet

W istocie
Straszna to była noc.

Lennox

Młoda ma pamięć
Nie może sobie przypomnieć podobnej.

Makduf wraca.

Makduf

O, zgrozo, zgrozo nad wszelkie pojęcie,
Nad wszelki ludzki wyraz!

Makbet i Lennox

razem

Co się stało?

Makduf

Odmęt dokonał swego arcydzieła.
Mord świętokradzki zgwałcił namaszczoną
Świątynię Pana i wydarł z niej życie!

Makbet

Co mówisz? życie?

Lennox

Czyje życie?

Makduf

Idźcie
Tam i osłupcie kamieniem na widok
Nowej Gorgony[36]. Nie każcie mi mówić.
Idźcie, zajrzyjcie tam i sami mówcie.

Makbet i Lennox wychodzą.

Hola! Wstawajcie! Przybywajcie! Bijcie
W dzwony na alarm. Mord! piekielna zdrada!
Banko! Donalbein, Malkolm! Przybywajcie!
Otrząśnijcie sen z siebie, tę maskę śmierci,
By śmierć prawdziwą ujrzeć. Przybywajcie
Co tchu! i patrzcie na ostatecznego
Sądu przedobraz! Hej! Malkolmie! Banko!
Jak duchy z grobów wywołane spieszcie
Przypatrzyć się tej zgrozie!

Dzwon bije gwałtownie.
Lady Makbet wchodzi.

Lady Makbet

Co się stało,
Że tak złowrogiej trąby odgłos wszystkich
W domu rozbudza? Dlaboga, Makdufie,
Mów, co się stało?

Makduf

O, szlachetna pani,
Nie wam to słyszeć, co bym mógł powiedzieć:
Wiadomość tego rodzaju, trafiwszy
Niewieście ucho, zabiłaby.

Banko wchodzi.

Banko!
O Banko! Król, nasz pan, zamordowany!

Lady Makbet

Niestety! w naszym domu!

Banko

W czyimkolwiek,
Zbyt to okropne! O, kochany Dufie,
Bądź z sobą samym w sprzeczności i powiedz,

---

[36] *Nowa Gorgona* – w mitologii greckiej córka Keto, rodzaj upiora, demona z wężami zamiast włosów i o wzroku przemieniającym ludzi w kamień.

Że to fałsz.

Makbet i Lennox wchodzą.

Makbet

Gdybym był umarł godzinę
Przed tym wypadkiem, zamknąłbym był piękny
Okres żywota. Nie ma od tej pory
Nic szanownego na tym świecie; wszystko
Jest tylko blichtrem; wielkość, świętość znikły,
Scedzone wino życia, same tylko
Męty zostały w tym lochu marności.

Makbet – fałsz, obłuda, gra pozorów

Malkolm i Donalbein wchodzą.

Donalbein

Co za nieszczęście tu się stało? kogo
Dotknęło?

Makbet

Naprzód was i wy ostatni
Dowiadujecie się o tym: to źródło,
Z którego wasza krew początek wzięła,
Zatamowane na wieki.

Makduf

Wasz rodzic
Zamordowany został.

Malkolm

O! Przez kogo?

Lennox

Sprawcami zbrodni byli, jak się zdaje,
Dwaj pokojowcy: ręce ich i twarze
Nosiły ślady krwi, toż ich sztylety,
Któreśmy na ich posłaniu znaleźli.
Wzrok mieli błędny, jakby obłąkany,
Kiedyśmy weszli. Pod strażą tych ludzi
Niczyje życie nie było bezpieczne.

Makbet

Żałuję teraz, że ich w uniesieniu
Wściekłym zabiłem.

Makduf

A to na co? na co?

Makbet

Któż jednocześnie może być roztropny

I przerażony, łagodny i gniewny,
Wierny i obojętny? Nikt zaiste.
Żarliwa moja przychylność stłumiła
Zimną rozwagę. Tu Dunkan leżący,
Z srebrnym, krwią złotą powleczonym włosem,
Okryty rany wyglądającymi
Jak wyłomy w naturze, przez które
Szerokie przejście otwarto zniszczeniu –
A tu mordercy, naznaczeni barwą
Swego postępku, z świeżo zbroczonymi
Puginałami: któż żywiący w sercu
Miłość, a obok miłości odwagę,
Byłby inaczej tej miłości dowiódł?

Lady Makbet

Pomóżcie mi wyjść, ach!

Makduf

Lady zasłabła!
Wezwijcie ludzi na pomoc.

Malkolm

na stronie do brata

Dlaczegóż
Stoimy niemi, my, których najbliżej
Ten cios dotyka?

Donalbein

Cóż się nam odzywać
Tu, gdzie ukryty wróg nasz niewidzialnie
Może gdzieś czyha, by nagle nas dosiąc.
Precz stąd! Łzy nasze jeszcze niedojrzałe.

Malkolm

I ciężka boleść nasza nie jest jeszcze
Zdolna do czynu.

Banko

do sług nadchodzących

Odprowadźcie panią.

Lady Makbet wychodzi wsparta na sługach.

My zaś okrywszy na wpół nagie ciała,
Które na chłody wystawione marzną,
Zbierzmy się celem jak najściślejszego
Zbadania tego strasznego wypadku.
Każdym z nas miota niepewność; co do mnie,

Banko – deklaracja walki przeciw zbrodniarzowi

Oświadczam wobec majestatu Boga,
Że walczyć będę przeciw skrytym planom
Tej niecnej złości.

Makbet

I ja.

Wszyscy

I my wszyscy.

Makbet

Idźmy się przybrać, jak przystoi mężom.
W głównej się sali zgromadzimy.

Wszyscy

Zgoda.

Wszyscy wychodzą prócz Malkolma i Donalbeina.

Malkolm

Cóż ty zamyślasz? Nie łączmy się z nimi,
Udawać żałość jest to rola łatwa
Dla dusz nasiąkłych fałszem. Ja natychmiast
Jadę do Anglii[37].

Synowie króla – ucieczka z kraju

Donalbein

A ja do Irlandii.
Odosobnieni bezpieczni będziemy!
Tu każdy uśmiech jest nożem.
Im kto krwią bliższy, tym bliższy krwotoku.

Malkolm

Jeszcze ten pocisk ukrytego strzelca
Nie padł na ziemię: najbezpieczniej będzie
Zejść z celu. Na koń więc! nie traćmy czasu
Na pożegnalne formy, ale chyżo
Wynośmy się z tych miejsc. Gdzie grozi zdrada,
Godziwie kradnie, kto sam się wykrada.

Wychodzą.

[37] *do Anglii* – Szkocja, Anglia i Irlandia były wówczas osobnymi państwami.

SCENA 4

Poza obrębem zamku.
Wchodzą Rosse i Starzec.

Starzec

Kopę lat z górą pamiętam, widziałem
Wiele widowisk, wiele okropności,
Ale dzisiejsza noc wszystko dawniejsze
W śmiech obróciła.

Rosse

Patrz, poczciwy starcze,
Jak samo niebo w gniewie na złość ludzką
Zdaje się grozić jej krwawej widowni;
Podług zegara to dzień, a jednakże
Gruby mrok tłumi wschodzącą pochodnię[38].
Czy przemoc nocy to, czy może wstyd dnia,
Że ciemność kryje tak oblicze ziemi,
Kiedy ją miało ucałować słońce
Ożywcze?

Starzec

Jest to tak nienaturalne,
Jak ów czyn świeżo teraz dokonany.
Przeszłego wtorku widziałem sokoła
Majestatycznie się unoszącego;
Wtem nędzna sowa napadła go z boku
I zadziobała.

Tajemnicze znaki, będące świadectwem zbrodni

Rosse

A konie Dunkana
(Rzecz nie do wiary, a jednak istotna),
Owe rumaki tak piękne i rącze,
Prawdziwe w swoim rodzaju pieścidła,
Zdziczały nagle, zerwały uwięzie
I z bram stajennych wypadły, jak gdyby
Chciały wojować z ludźmi.

Starzec

Powiadają,
Że się pożarły.

[38] *wschodząca pochodnia* – słońce.

Rosse

W istocie tak było,
Ku osłupieniu moich oczu, które
Na to patrzyły. Oto zacny Makduf.

Makduf wchodzi.

Cóż tam na świecie słychać?

Makduf

Czyż nie wiesz?

Rosse

Wiadomo, kto był sprawcą tego czynu,
Przechodzącego wszelką nazwę zbrodni?

Makduf

Ci, których Makbet zabił.

Rosse

O, nieszczęśni!
Cóż ich do tego skłoniło?

Makduf

Namowa.
Synowie króla, Malkolm i Donalbein,
Uszli: to rzuca na nich podejrzenie.

Rosse

Oni! Natura nie ma już rękojmi!
O marnotrawna wyniosłości, sama
Niweczysz własne środki życia! Tak więc,
Według wszelkiego prawdopodobieństwa,
Władza królewska na Makbeta spadnie.

Makbet – zostaje królem Szkocji

Makduf

Już go obrano i ruszył do Skony[39]
Na koronację.

Rosse

Gdzież złożono zwłoki
Dunkana?

Makduf

W Kolmes-hill[40], w świętych podziemiach,
Gdzie spoczywają kości jego przodków.

---

[39] *Skona* – Scone, zamek koronacyjny królów szkockich pod miastem Perth, dawną stolicą Szkocji.

[40] *Kolmes-hill* – jedna z Wysp Zachodnich (między Szkocją a Irlandią), gdzie znajdują się groby szkockich królów.

Rosse

Udajesz się do Skony?

Makduf

Nie, bracie:
Do Fajfu[41].

Rosse

A ja do Skony.

Makduf

Bodajbyś
Wszystko tam znalazł po myśli, inaczej
Byłoby prawdą, że się w starej szacie
Wygodniej chodzi niż w nowym szkarłacie.

Rosse

Bądź zdrów, mnie zwodny pozór nie omami.
Bywaj zdrów, starcze.

Starzec

Niech Bóg będzie z wami
I z każdym, który w imię Zbawiciela
Złe zmieni w dobre, wroga w przyjaciela!

Wychodzą.

[41] *do Fajfu* – Makduf był tanem Fife'u; nie jedzie na koronację, bo ma już niejasne podejrzenia co do Makbeta.

AKT III

SCENA 1

Forres. Sala w pałacu.
Wchodzi Banko.

Banko

Masz tedy berło, Kawdor, Glamis, wszystko
Tak, jak ci owe czarodziejskie widma
Przepowiedziały, obawiam się tylko,
Czy ty uczciwie do tego przyszedłeś.
Bądź co bądź, było przecież powiedziane,
Że się to twym potomkom nie dostanie,
Że raczej ja mam być szczepem i ojcem
Mnogich królewskich odrośli. Jeżeli
Ich przepowiednia nie kłamie (a Makbet
Tego dowodem, dlaczegóż by one
Nie miały być i dla mnie wyroczniami
Tak jak dla niego i pewną we mnie
Budzić nadzieję? Ale pst! dość tego.

Banko – podejrzenia wobec Makbeta

Odgłos trąb.
Wchodzą Makbet i Lady Makbet przybrani po królewsku.
Lennox, Rosse, lordowie, damy i orszak.

Makbet

Oto nasz główny gość.

Lady Makbet

Gdyby nam zbywał,
Byłaby w naszym towarzystwie próżnia
I niezupełna radość.

Makbet

Wydajemy
Tego wieczoru uroczystą ucztę
I o obecność na niej was prosimy.

Banko
Wasza wysokość może mną rozrządzać,
Bo obowiązki me z nią są spojone
Ścisłymi węzły.

Makbet
Wyjeżdżasz, milordzie,
Dziś po południu?

Banko
Taki jest mój zamiar.

Makbet
Psuje to nasze plany; radzi byśmy
Usłyszeć głos wasz dzisiaj na obradach
(Głos, który zawsze miał tyle trafności,
Ile powagi) nagrodzim to jutro.
Daleko jedziesz?

Banko
Tak daleko, panie,
Że czas potrzebny do odbycia drogi
Wypełnia właśnie w samą miarę przeciąg
Między tą chwilą a ucztą; jeżeli
Mój rumak zwolni, będę musiał jedną
Albo dwie godzin nocy zostać dłużny.

Makbet
Nie omieszkajże się stawić.

Banko
Upewniam
Waszą królewską mość, że nie omieszkam.

Makbet
Doszło do naszych uszu, że wyrodni
Nasi kuzyni skierowali drogę:
Jeden do Anglii, drugi do Irlandii,
Że wypierając się swej czarnej zbrodni,
Szerzą tam dziwne fałsze. Ale o tym
Do jutra: będzie to jedna z spraw stanu,
O których wspólnie naradzać się mamy.
Siadajże na koń i wracaj nam zdrowo.
Czy Fleance jedzie także?

Makbet – podejrzliwość

Banko
Jedzie, panie;
Interes nagli nas.

Makbet

Życzymy waszym
Koniom szybkości i pewności w nogach
I poruczamy was ich grzbietom.

Wychodzi Banko.

Niech każdy będzie panem swego czasu
Do siódmej wieczór; pragnąc wam na potem
Milszym uczynić nasze towarzystwo,
Pozostajemy do wieczerzy sami;
Bogu tymczasem was oddajemy!

Wychodzą Lady Makbet, lordowie, damy itd.

Hola,
Czy owi ludzie, których zamówiłem,
Czekają na me rozkazy?

Sługa

Czekają
U bram zamkowych, panie.

Makbet

Niech tu przyjdą.

Wychodzi sługa.

Być tym, czym jestem, jest to niczym nie być,
Jeślibym nie mógł być tym bez obawy.
Ten Banko jest mi groźny: ma on w sobie
Coś królewskiego, czego się bać trzeba.
Nieustraszony on i z gotowością
Ważenia się na wszystko łączy w sobie
Zimną rozwagę, która jego męstwo
Po pewnej drodze kieruje do celu;
Prócz niego nie ma na świecie człowieka,
Którego bym się lękał: obok niego
Czuje się duch mój uciśniony, tak jak
Wedle podania czuł się uciśniony
Duch Antoniusza przy Cezarze[42]. Zgromił
Owe niewiasty, kiedy mię nazwały
Królem, i kazał im do siebie mówić;
Wtedy go one pozdrowiły ojcem
Szeregu królów. Mnie więc bezowocną
Dały koronę, wsadziły mi w rękę

Makbet – motywy zabójstwa Banka

[42] *czuł się uciśnionym/ duch Antoniusza przy Cezarze* – Marek Antoniusz po zamordowaniu Cezara pokonał wspólnie z Oktawianem republikanów (pod Filippi w 42 r.) i podzielił się z nim władzą. Pobity w 31 r. przez Oktawiana, popełnił samobójstwo. Wspominając o Antoniuszu Szekspir chce powiedzieć, że zazdrościł on Cezarowi władzy i sławy, gdy ten jeszcze żył.

Jałowe berło, mające plonować
Komuś obcemu, nie moim potomkom.
Tak więc sumienie sobie splugawiłem
Dla rodu Banka, dla jego korzyści
Zamordowałem zacnego Dunkana;
Spokojność sobie zatrułem jedynie
Dla rodu Banka i wieczny mój klejnot[43]
Wspólnemu ludzi nieprzyjacielowi[44]
Na łup oddałem po to tylko, żeby
Ukoronować ród, nasienie Banka!
O, niech się raczej ostateczność stanie.
Losie, wyzywam cię w zapasy! Kto tam?

Sługa z dwoma zbójcami wchodzi.

Idź i za drzwiami czekaj, aż cię wezwę.

Wychodzi sługa.

Z wami to wczoraj mówiłem?

Pierwszy Zbójca

Tak, panie.

Makbet

Dobrze więc. Czyście rozważyli ściśle
I przetrawili to, com wam powiedział?
Wiecie już, że to on owego czasu
Obszedł się z wami tak niesprawiedliwie
I żeście winni byli, posądzając
Moją niewinność, tego wam dowiodłem
W ostatniej naszej rozmowie; wykryłem
Wam jak na dłoni, jak was oszukano,
Jak z was zadrwiono, zrobiono narzędzia,
Kto was tak zażył i inne szczegóły,
W których osnowie najograniczeńszy
Półgłówek byłby namacać mógł Banka.

Pierwszy Zbójca

Tak, powiedziałeś nam, panie, to wszystko.

Makbet

Tak, powiedziałem wam to wszystko; teraz
Powiem wam, co jest celem obecnego
Mego widzenia się z wami. Azaliż
W waszej naturze przemaga cierpliwość
Do tego stopnia, że mimo puszczacie

---

[43] *wieczny mój klejnot* – dusza.

[44] *wspólnemu ludzi nieprzyjacielowi* – diabłu.

Najcięższe krzywdy? Czy wy jesteście
Tak świątobliwi, żeby się aż modlić
Za zdrowie i za dom tego człowieka,
Którego ręka w grób was pochyliła
I dzieci wasze przymusiła żebrać?

Pierwszy Zbójca
Z mężami, panie, masz sprawę.

Makbet
Wiem dobrze,
Że się liczycie do mężów tak samo
Jak wyżeł, ogar, chart, jamnik i kundel,
Brytan, mops, pudel, buldog i tam dalej
Do psów się liczą. Oddzielna rubryka
Wskazuje, który z nich chyży, powolny,
Dobry stróż domu lub zdatny do łowów
I tym podobnie, zależnie od darów,
Jakimi matka natura każdego
Uposażyła, i taki dopiero
Szczególny tytuł nadaje każdemu
Właściwą cechę na ogólnej liście
Psiego rodzaju – tak się ma i z ludźmi.
Jeżeli przeto zajmujecie miejsce
W rubryce mężów z sercem, nie w ostatniej
Klasie ras ludzkich, wyrzeczcie to śmiało,
A ja wam wskażę pewny plan, którego
Przeprowadzenie na zawsze uwolni
Was od waszego śmiertelnego wroga
I łaskę naszą wam zjedna za zdrowie,
Które w nas wątłe, dopóki on żyje,
A z śmiercią jego by zakwitło.

Drugi Zbójca
Jestem
Człowiekiem, panie, którego zawzięty
Bicz świata przywiódł do tego, że gotów
Na wszystko, byle na przekorę światu.

Pierwszy Zbójca
We mnie zaś widzisz, panie, chudeusza,
Tak znękanego igraszkami losu,
Że rad wystawi swoje nędzne życie
Na wszelki hazard, byle je poprawić
Lub się go pozbyć.

Makbet

Wiecie już obydwaj,
Że Banko waszym był nieprzyjacielem.

Zbójcy

Już to wiadoma rzecz.

Makbet

Jest i moim,
I to tak groźnym, że każda minuta
Jego istnienia czyni moje życie
Niepewnym. Mógłbym go zgładzić otwarcie
Mocą jedynie władzy mej i woli,
Lecz wzgląd na pewnych wspólnych nam przyjaciół,
Których życzliwość jest mi pożądana,
Wstrzymuje mnie od tego: muszę raczej
Udawać boleść nad upadkiem tego,
Którego stracę. W takim położeniu
Wzywam pomocy waszej i powierzam
Wam wykonanie dzieła, które winno
Przed okiem świata pozostać ukryte,
Dla wielu ważnych powodów.

Makbet – fałsz, obłuda

Drugi Zbójca

Spełnimy,
Panie, co każesz.

Pierwszy Zbójca

Choćby nasze życie...

Makbet

Męstwo wam patrzy z oczu. Za godzinę
Wskażę wam miejsce, które macie zająć,
Gdy mrok zapadnie, bo się to stać musi
Dzisiejszej nocy, nieco w oddaleniu
Od zamku. Bądźcie szpiegami sposobnej
Ku temu chwili, pamiętajcie ciągle,
By na mnie nie padł i cień podejrzenia;
Aby zaś w sprawie tej nie było żadnego
Błędu i luki, trzeba, żeby Fleance,
Syn jego, który towarzyszy ojcu,
A który również nie jest mi na rękę,
Los z nim podzielił. Zostawiam was samych.
Namyślcie się tu, powrócę niebawem.

Makbet – zlecenie zabójstwa Banka

Drugi Zbójca

Namyśliliśmy się już dość.

Makbet

Tym lepiej.
Rzecz więc skończona, zaraz was przywołam.
Jeśli ci, Banko, niebo przeznaczone,
Dziś jeszcze pewną znajdziesz w nim koronę.

Wychodzą.

SCENA 2

Tamże. Inna sala.
Wchodzi Lady Makbet, za nią Służąca.

Lady Makbet

Nie wiesz, czy Banko wyjechał?

Służąca

Wyjechał,
Łaskawa pani, lecz wraca dziś na noc.

Lady Makbet

Powiedz królowi, że chcę z nim pomówić,
Jak znajdzie wolną chwilę.

Służąca

Spieszę, pani.

Wychodzi.

Lady Makbet

Wszystko chybione, na nic wszystko, jeśli
Drżymy o skutek, któryśmy odnieśli.
Lepiej śmierć ponieść niż czyniąc jej zadość
Z dzieła zniszczenia wątpliwą mieć radość.

Wchodzi Makbet.

Cóż, mój małżonku? Czemu tak samotny,
W ponurych tylko marzeń towarzystwie?
Żywiący ciągle owe myśli, które
Powinny były umrzeć razem z tymi
Co je wzbudzają. Na co nie ma rady,
Nad tym się nie ma i co zastanawiać;
Co się raz stało, już się nie odstanie.

Makbet

Rozpłataliśmy węża, nie zabili –
Zrośnie się, będzie znów gadem: ząb jego

Jadem zaprawny nie przestaje grozić
Biednej niecnocie naszej. Niechaj raczej
Kształt rzeczy runie, oba światy zadrżą[45],
Niżbyśmy mieli nasze jadło dzienne
Z trwogą spożywać i sypiać pod wpływem
Tych snów, co w nocy nami trzęsą; raczej
Zająć nam miejsce przy tym, któregośmy
W grób wyprawili, niż w ciągłych konwulsjach
Leżeć na strasznych torturach sumienia.
Dunkan spoczywa; dobrze śpi po febrze
Ziemskiego życia; zdrada dokonała
Arcymistrzowskie sprawy; stal, trucizna,
Domowy zamach ani obcy najazd,
Nic mu zaszkodzić już nie może.

Lady Makbet

Dalej,
Szlachetny tanie! Precz fałdy z oblicza!
Bądź wesół, rad bądź dzisiejszym twym gościom.

Makbet

Będę rad; bądź i ty, luba, podobnie,
Miej zaś szczególnie Banka na pamięci,
Wyróżniające okazuj mu względy
Zarówno usty, jak oczyma. W takim,
Jak my jesteśmy dzisiaj, położeniu
Trzeba nam naszą niedojrzałą władzę
Polewać rosą pochlebstwa, oblicza
Czynić serc larwą, aby nikt nie dostrzegł,
Co się pod nimi kryje.

Makbet – świadomość, że odtąd zawsze będzie ukrywającym się zbrodniarzem

Lady Makbet

Bądź spokojny.

Makbet

O, żono, serce me skorpionów pełne[46]!
Wszak wiesz, że Banko, Fleance jeszcze żyją.

Makbet o sobie; ważny cytat

Lady Makbet

Wiem, ale przecie dzierżawa ich życia
Nie jest wieczysta.

Makbet

W tym nasza otucha,

---

[45] *niechaj raczej oba światy zadrżą* – niebo i ziemia.

[46] *skorpion* – jadowity pajęczak, symbol zazdrości, niezgody, kłótni, nienawiści, a także bólu, cierpienia, szatana; tu: wyrzuty sumienia.

Że z ciała obaj są i z krwi. Swobodnie
Patrzmy więc w przyszłość. Nim nietoperz skończy
Swój lot wkoło zamku[47], nim na rozkaz
Bladej Hekaty nocny chrząszcz wybrzęczy
Chrapliwy nokturn, spełnione zostanie
Strasznej ważności dzieło.

Lady Makbet

Jakie dzieło?

Makbet

Nie pytaj, luba, bądź przez niewiadomość
Wolna od winy, dopóki nie będziesz
Mogła przyklasnąć temu dziełu. – Przybądź,
Ślepiąca nocy, zasłoń kataraktą
Litościwego dnia czułe źrenice,
Stargaj, zniszcz krwawą, niewidzialną dłonią
Te pęta, które swobody nam bronią!
Światło dokoła ziemskiego przestworu
Przygasa, wrona pociąga do boru,
Wdzięczny dnia orszak mdleje, chyli głowy,
Natomiast nocna czerń zaczyna łowy.
Pójdź, żono, nie mów nic. Zły plon bezprawia
Nowym się tylko bezprawiem poprawia.

Motyw krwi i korony – zbrodnia rodzi nową zbrodnię

Wychodzą

SCENA 3

Tamże.
Część lasu z bramą do zamku prowadzącą.
Zbójcy.

Pierwszy Zbójca

Kto ci się kazał z nami złączyć?

Trzeci Zbójca

Makbet.

Drugi Zbójca

Można mu ufać, skoro tak dokładnie
Wie, o co idzie.

[47] *nim nietoperz skończy/ swój lot wkoło zamku* – nietoperze są zwierzętami nocnymi, wylatują nocą na żer i krążą do wschodu słońca; tu: nim dzień się zbudzi.

Pierwszy Zbójca

Więc pozostań z nami.
Szczątki dnia tlą się jeszcze na zachodzie
I spóźnionego podróżnika naglą
Wracać do domu. Cel naszych czat wkrótce
Nadejdzie.

Trzeci Zbójca

Cicho! Słyszę tętent koni.

Banko

za sceną

Dajcie tu światła! hej!

Drugi Zbójca

To on niechybnie,
Bo wszyscy inni goście już są w zamku.

Pierwszy Zbójca

Konie wysyła luzem naokoło.

Trzeci Zbójca

Tak każdy czyni, bo stąd na piechotę
Droga o milę krótsza.

Banko i Fleance wchodzą, przed nimi pachołek z pochodnią.

Drugi Zbójca

Światło! światło!

Trzeci Zbójca
To on.

Pierwszy Zbójca
Tak, to on sam. Nie traćmy czasu.

Banko
Tej nocy będzie deszcz.

Pierwszy Zbójca
Natychmiast lunie.

Napada Banka.

Banko
padając
Zdrada! Uciekaj, Fleansie, uciekaj,
Bądź mym mścicielem. Ha! Nędzniku!
Umiera.
Fleance i pachołek uciekają.

Banko – śmierć

Trzeci Zbójca
Któż to
Zgasił pochodnię?

Pierwszy Zbójca
Nie taki był rozkaz?

Trzeci Zbójca
Jeden legł tylko, drugi umknął.

Drugi Zbójca
Szkoda,
Wypuściliśmy połowę zarobku.

Pierwszy Zbójca
Bądź co bądź, idźmy donieść, co się stało.
Wychodzą.

SCENA 4

Wielka sala w pałacu.
Uczta przygotowana. Makbet, Lady Makbet, Rosse, Lennox, lordowie i inne osoby.

Makbet
Znacie, panowie, swoje stopnie: siądźcie
I od pierwszego aż do ostatniego,
Bądźcie nam z serca pozdrowieni.

Uczta na zamku Makbeta

Lordowie

Dzięki
Waszej królewskiej mości.

Makbet

Usiądziemy
Pośród was, jak przystoi uprzejmemu
Gospodarzowi; co do gospodyni,
Ta zachowuje pierwsze miejsce, wszakże
W stosownej chwili zażądamy od niej
Przejawu serdeczności.

Lady Makbet

Zechciej
Zapewnić o niej, mój małżonku, wszystkich
Naszych przyjaciół tu się znajdujących;
Serce me bowiem wielce im jest rade.

Pierwszy Zbójca ukazuje się w drzwiach.

Makbet

Oni też z serca ci dziękują za to.
Już wypełnione obie strony stołu,
Ja tu pośrodku usiądę. Wesoło,
Moi panowie! bądźcie w pogotowiu,
Bo wnet kolejny kielich zacznie krążyć.

Zbliża się do Zbójcy; na stronie

Na twojej twarzy krew.

Zbójca

To więc krew Banka.

Makbet

Wolę ją zewnątrz u ciebie niżeli
Wewnątrz u niego. Więc już usunięty?

Zbójca

Krtań ma przerżniętą, panie: tę przysługę
Jam mu wyświadczył.

Makbet

Silny z ciebie rzeźnik,
Lecz i ten nie mniej silny, co z Fleance'em
Równie postąpił; jeśliś ty to zrobił,
Nieporównany jesteś zuch.

Zbójca

Najmiłościwszy!
Fleance się wymknął.

Makbet

Moja więc choroba
Powraca znowu. Byłbym, gdyby nie to,
Zdrów jak lew, silny jak marmur, jak skała
Nieporuszony, lekki jak powietrze,
Które ogarnia wszystko; tak zaś jestem
Spętany, wątły, w okowach, oddany
Na łup kapryśnych trosk i niepewności.
Zabezpieczony aby tamten?

Zbójca

Tamten
Jak najbezpieczniej leży w dole, z głową
Tuzinem ciosów oszamerowaną,
Z których najlżejszy byłby już śmiertelny.

Makbet

To dobrze: stary wąż już nie powstanie.
Ów gad, co uciekł, ma w sobie zarodki
Trucizny, z czasem mogącej zaszkodzić,
Ale na teraz nie ma jeszcze żądła.
Oddal się, jutro znów się rozmówimy.

Zbójca wychodzi.

Lady Makbet

Małżonku mój i panie, zapominasz
O swoich gościach: za nic wszelka uczta,
Jeśli się przy niej często nie objawia,
Że to, co dajemy, dajemy ochoczo.
Lepiej się we własnym jada domu; zachęta
Jest w obcym, jako sól, zaprawą jadła,
Bez niej gościnność byłaby niesmaczna.

Makbet

Luba mentorko! Niech się więc apetyt
Z strawnością złączy i wiwat oboje!

Lennox

Nie raczysz wasza królewska mość zasiąść?

Duch Banka wychodzi spod ziemi i siada na miejscu Makbeta.

Makbet

Widzielibyśmy tu w pełni zbiór ozdób
Naszego państwa, gdyby nam nie zbywał
Kochany Banko, którego wolimy
O nieuprzejmość obwinić, niż myśleć,
Że mu się jakie nieszczęście trafiło.

Cechy dramatu szekspirowskiego – duch na scenie

Rosse
Jego spóźnianie się łży jego słowu.
Niechże nas wasza królewska mość raczy
Swym uczestnictwem uszczęśliwić.

Makbet
Wszystkie
Miejsca zajęte.

Lennox
Tu próżne jest jedno.

Makbet
Gdzie? Gdzie?

Lennox
Tu, panie. Co się stało waszej
Królewskiej mości?

Makbet
Kto z was to uczynił?

Lordowie
Co, miłościwy królu?

Makbet
Ty nie możesz
Powiedzieć, że to ja; nie wstrząsaj ku mnie
Tak groźnie swymi skrwawionymi włosy.

Makbet – widzi ducha Banka

Rosse
Wstańmy, panowie, królowi niedobrze.

Lady Makbet
Siedźcie, o! siedźcie, zacni przyjaciele,
Naszemu panu często się to zdarza
Od lat najmłodszych; pozostańcie w miejscu;
Jest to chwilowy atak, wkrótce minie.
Jeśli będziecie na niego zważali,
Rozdrażni go to i szał jego zwiększy.
Jedzcie i ani spojrzyjcie na niego.
na stronie do Makbeta
Jesteś ty mężem czy nie jesteś?

Lady Makbet – opanowanie

Makbet
Jestem,
I to odważnym, kiedy mogę patrzeć
Na coś, na widok czego sam Lucyper
Musiałby zblednąć.

Lady Makbet

Brawo! jest to godny
Utwór bojaźni twojej jak ów sztylet,
Co to, mówiłeś, wiódł cię do Dunkana.
Takie wybryki, słupienia, drętwienia
Byłyby dobre przy słuchaniu bajek
Opowiadanych zimą przy kominku
Przez zabobonne białogłowy, którym
Stara babunia potakuje; wstydź się
Wyczyniać takie miny! bo, zaprawdę,
Wlepiasz wzrok w próżne krzesło.

Makbet

Patrz, spójrz tylko!
Czy widzisz? Ale cóż mnie to ma trwożyć?
Możesz ty kiwnąć głową, to i przemów.
Jeśli kostnice i groby wracają
Tych, których grzebiem, to żołądki sępów
Będą naszymi pomnikami.

Duch znika.

Lady Makbet

na stronie do Makbeta

Aż tak
Szał ci do szczętu upośledził męstwo?

Makbet

Jak żyw tu stoję, widziałem go.

Lady Makbet

Nędzne,
Śmiechu i wzgardy godne przywidzenie!

Makbet

Krew przelewana była z dawien dawna,
Nim jeszcze ludzkich praw nastały rządy;
Dokonywano i później morderstwa
Straszne dla ucha; ale do tej pory
Po wyjściu duszy umierali ludzie
I wszystko już się kończyło: dziś oni
Podnoszą z grobu czoło obciążone
Mnogimi rany i z miejsc nas rugują.
Straszniejsze to jest od samego mordu.

Lady Makbet

Królu i panie, przyjaciele nasi
Czekają na cię.

Makbet

Prawda, zapomniałem.
Nie zdumiewajcie się, cni przyjaciele,
Nad tym, co zaszło; jest to osobliwsza
Słabość, niedziwna dla tych, co mię znają.
Dalej! Niech żyje wino i wesołość!
Zaraz usiądę, nalejcie mi kielich
Po same brzegi! Piję za pomyślność
Moich przezacnych gości. I naszego
Ukochanego przyjaciela Banka,
Który nas smuci swą nieobecnością.
W wasze i jego ręce! Oby wszystkim
Wszystko się dobrze działo!

Duch ukazuje się znowu.

Lordowie

Przyjm, o panie,
Wzajemny toast na podziękowanie.

Makbet

Precz z moich oczu! Zapadnij się w ziemię!
Krew twoja zimna, kości twe bez szpiku,
Nie ma już siły widzenia w twych oczach,
Którymi błyszczysz.

Makbet – widzi ducha Banka

Lady Makbet

Szlachetni lordowie,
Chciejcie uważać to za rzecz zwyczajną;
Jest to w istocie drobiazg, szkoda tylko,
Że nam zasępia swobodę tej chwili.

Makbet

Co bądź kto śmie, i ja śmiem; przystąp do mnie
Jako kudłaty niedźwiedź puszcz północnych,
Opancerzony nosorożec albo
Tygrys hirkański[48]; przywdziej, jaką zechcesz,
Postać, wyjąwszy tę, a silne moje
Nerwy nie zadrżą; wróć wreszcie do życia
I w głąb pustyni wyzwij mię na ostrze,
Jeśli drżąc cofnę kroku, to mnie ogłoś
Lalką bez serca. Precz, okropny cieniu!

Duch znika.

Zwodnicza maro, precz! Ha! już zniknąłeś!
Teraz znów jestem mężem. Siądźcie, proszę.

---

[48] *niedźwiedź, nosorożec, tygrys* – zwierzęta te uchodziły za najniebezpieczniejsze.

Lady Makbet
Przerwałeś ucztę, popsułeś wesołość
Tym osobliwszym dziwactwa napadem.

Makbet
Może się zdarzyć coś takiego? Lotnie,
Jak letni obłok, koło nas przeciągać
I nie przejmować nas na wskroś zdumieniem?
Wy mię kłócicie z własną świadomością,
Bo nie pojmuję, jak mogliście patrzeć
Na to widziadło i zachować przy tym
Na licach zdrową, naturalną cerę,
Gdy moje trwoga ubieliła.

Rosse
Jakie
Widziadło, panie?

Lady Makbet
Nie mówcie nic, proszę,
Bo pogorszycie jego stan. Pytania
W podobnych razach w wściekłość go wprawiają.
Dobranoc, mili panowie, odejdźcie.
Nie oczekujcie hasła etykiety,
Ale oddalcie się natychmiast.

Rosse
Dobrej
Nocy życzymy i lepszego zdrowia
Jego królewskiej mości.

Lady Makbet
Bądźcie zdrowi.
Lordowie i słudzy wychodzą.

Makbet
To o krew woła: krew, mówią, krwi żąda.
Słyszano drzewa mówiące[49], widziano
Podnoszące się głazy, kapłani
Tajemniczymi sposoby umieli
Za pośrednictwem wron, kruków i kawek
Odkryć zabójcę. Która godzina?

Motyw krwi

Lady Makbet
Noc walczy z brzaskiem dnia.

---

[49] *drzewa mówiące, (...) podnoszące się głazy* – wierzono, że gdy zbliżył się zabójca, z ran zamordowanego tryskała krew, podnosiły się kamienie grobowe, drzewa wymawiały jego imię.

Makbet

Czy wiesz, że Makduf
Wzbrania się stawić na nasze wezwanie?

Lady Makbet

Czy posyłałeś już panie po niego?

Makbet

Nie jeszcze, z boku tylko tak słyszałem,
Mam bowiem w domu każdego z tych tanów
Zaufanego sługę. Zaraz jutro,
Nie odkładając, pójdę do czarownic:
Muszą mi one coś więcej powiedzieć.
Co bądź mię czeka, wolę się dowiedzieć
Prędzej niż później, abym oko w oko
Spojrzał losowi. Jużem tak głęboko
W krwi zagrzązł, że wstecz iść niepodobieństwo,
W miejscu zaś grozi mi niebezpieczeństwo;
Trzeba więc dalej brnąć. Wesprzyjcie, czary,
Czarne, drzemiące w mym mózgu zamiary!
Bo ten płód głowy dłoń musi urodzić
Wprzód, nim się wyda cel, gdzie ma ugodzić.

Motyw krwi i korony – z drogi zbrodni nie ma odwrotu; Makbet – świadomość głębokiej wewnętrznej przemiany, determinacja

Lady Makbet

Pójdź, siły twoje potrzebują wczasu.

Makbet

Zapewne, idźmy spocząć. Moja dusza
Ulega jeszcze trwogom nowicjusza.
Młodziśmy jeszcze na tym polu.

Wychodzą.

SCENA 5

Okolica pokryta wrzosem.
Grzmot. Wchodzi Hekate i spotyka trzy Czarownice.

Pierwsza Czarownica

Co ci to, co ci to, Hekate?
Skąd to oblicze marsowate?

Hekate

Co mi jest? niby to nie wiecie!
Zuchwałe baby, jak wy śmiecie
Z Makbetem w tajne szachry wchodzić,

Cechy dramatu szekspirowskiego – postacie fantastyczne

Z zbrodni do zbrodni go przywodzić,
A mnie, mistrzynię waszą, mnie,
Krzewiącą głównie wszystko złe,
Nie wezwać nawet do udziału
W tym dziele śmierci i zakału?
Co gorsza jednak, o! niecnoty,
To to, że dotąd wasze psoty
Na korzyść tylko wyszły temu
Złoczyńcy zapamiętałemu,
Który, jak każdy taki gad,
Nie wam, lecz sobie służyć rad.
Pomnijcie mi ten błąd naprawić.
Nim świt obłoki zacznie krwawić,
Znajdziecie mnie nad Acheronem[50],
W miejscu na czary przeznaczonym:
On tam przybędzie dla zbadania,
Jaką mu przyszłość los zasłania.
Miejcie tam w pogotowiu sagan
I cały sprzęt, co wymagany
W podobnych razach. Ja odlatam:
Tej nocy siła złego spłatam.
Będzie to dzieło arcywalne,
Okropne w skutkach i fatalne.
Miesiąc dziś w sutej czapce lisiej;

[50] *Acheron (Acheront)* – w mitologii greckiej rzeka oddzielająca świat żywych od świata zmarłych.

Przy jednym jego rogu wisi
Zaklęta kropla: tę ja w porę,
Gdy spadać będzie, skrzętnie zbiorę,
A gdy zostanie w filtr nasz wlana,
Magicznie przedestylowana,
Tak sztuczne widma z niej powstaną,
Że ich działalność razem wzięta
Do reszty zmysły mu opęta.
Drwić będzie z losu, z śmierci szydzić,
Dolę swą niewzruszoną widzieć,
I lekceważąc wszystko w świecie
Sądzić się wiecznym – a wy wiecie,
Jak zbytnia ufność w bezpieczeństwo
Pogrąża w przepaść człowieczeństwo.

Śpiew za sceną: „Przybywaj tu, przybywaj tu" itd.

Słyszycie? kania woła dżdżu.
Mój mały diablik, jak świerszcz w murze,
Gwiżdże tam na mnie w mglistej chmurze.

Wychodzi.

Pierwsza Czarownica

Spieszmy się, pędźmy chyżym lotem,
Bo stara będzie wnet z powrotem.

Wybiegają.

SCENA 6

Forres. Sala w zamku.
Wchodzi Lennox z drugim Lordem.

Lennox

Lennox – podejrzenie Makbeta o zbrodnie

To, com ci mówił, jest tylko wskazówką;
Jak chcesz, ją sobie tłumacz. Krótko mówiąc,
Dziwne się rzeczy działy. Makbet ronił
Łzy nad Dunkanem, lecz Dunkan już nie żył;
Poczciwy Banko późno gdzieś wyjechał
I przepadł; powiesz, że go Fleance zabił,
Bo Fleance uciekł. Któż jeździ tak późno?
Cóż to za niecne wyrodki, ten Malkolm
I ten Donalbein, żeby tak dobrego
Ojca zabijać! Piekielne potwory!
Jakąż to zgrozą przejęło Makbeta!

Nie topił jednak zaraz w świętym gniewie
Sztyletu w piersiach owych dwóch zbrodniarzy,
Podłych opilstwa i snu niewolników?
Czy to nie piękny czyn? ba, i roztropny,
Boby to było oburzyło wszystkich,
Gdyby się byli ci hultaje śmieli
Usprawiedliwiać. Dość, że, jak powiadam,
We wszystkim znalazł się on jak najtrafniej,
I zdaje mi się, że gdyby miał teraz
Pod kluczem synów Dunkana (do czego,
Da Bóg, nie przyjdzie), dowiedzieliby się,
Co to jest zabić ojca. Toż i Fleance...
Ale dość tego! Słyszałem, że Makduf
Z powodu kilku wyrazów niebacznych
I nieprzybycia na ucztę tyrana
Popadł w niełaskę. Czy ci nie wiadomo,
Gdzie on jest teraz?

Lord

Starszy syn Dunkana,
Co go z praw rodu wyzuł przywłaszczyciel,
Żyje na dworze Anglii, tak uprzejmie
Przez pobożnego goszczony Edwarda[51],
Że nieżyczliwość losu i złość ludzka
W niczym czci jego nie czynią uszczerbku,
Tam to się udał Makduf, chcąc uprosić
Świątobliwego króla o wysłanie
Northumberlanda[52] z walecznym Siwardem
Na naszą ziemię, byśmy przy pomocy
Tych wojowników (i Tego nad nami,
Który uświęca wszelkie przedsięwzięcia)
Trwale na koniec zdołali zapewnić
Chleb naszym ustom i sen nocom naszym;
Abyśmy w czasie uczt, zabezpieczeni
Od zbójczych nożów, mogli niezmyślone
Hołdy oddawać i przyjmować prawe
Nagrody, czego wszystkiego dziś łakniem.
Głucha wieść o tym tak ubodła króla,
Że się już począł gotować do wojny.

Lennox

Czy on posyłał do Makdufa?

---

[51] *Edward* – król Anglii zwany Wyznawcą, święty, założyciel opactwa westminsterskiego (1003–1066).

[52] *Northumberland* – hrabstwo na granicy Szkocji z Anglią; tu w znaczeniu osoby earla Northumberlandu.

Lord

Tak jest.
Lecz poseł wrócił z lakonicznym: „Nie chcę" –
Mrucząc pod nosem, jakby chciał powiedzieć:
„Będziesz żałował tej godziny, w której
Taką odpowiedź włożyłeś mi w usta".

Lennox

To mu powinno wskazać, jak dalece
Ma być ostrożny. Oby jaki anioł
Uprzedził jego przybycie do Anglii
I najpierw odkrył cel tamtego! Oby
Błogosławieństwo prędzej mogło wrócić
Temu krajowi, gniecionemu jarzmem
Przeklętej ręki.

Lord

Dałyby to nieba!

Wychodzą.

AKT IV

SCENA 1

Ciemna jaskinia.
Pośrodku wrzący kocioł. Grzmot i błyskawice.
Trzy Czarownice przy kotle.

Cechy dramatu szekspirowskiego: scena z Czarownicami – wydarzenia i postacie fantastyczne

Pierwsza Czarownica
Trzykroć miauknął bury kot.

Druga Czarownica
Tak, i trzykroć puszczyk wrzasł.

Trzecia Czarownica
Lelek jęczy: czas już, czas.

Pierwsza Czarownica
Dalej, dalej, siostry wiedźmy,
Czarodziejski krąg zawiedźmy
Wkoło kotła, wrzućmy doń
Zbójczych jadów pełną dłoń.
Ropuszysko, siostro płazu,
Coś pod zimną bryłą głazu
Przez trzydzieści dni i nocy
W odrętwiałej śpiąc niemocy,
Skisło, zgniło w własnej ropie,
Ciebie naprzód w kotle topię.

Wszystkie trzy
tańcząc wkoło kotła
Dalej! żwawo! hasa! hej!
Buchaj, ogniu! kotle, wrzej!

Druga Czarownica
Bagnistego węża szczęka
Niech w ukropie tym rozmięka;
Żabie oko, łapki jeża,
Psi pysk i puch nietoperza,

Żądło żmii, łeb jaszczurzy,
Sowi lot i ogon szczurzy,
Niech to wszystko się na kupie
Warzy w tej piekielnej zupie.

Wszystkie trzy
dalej tańcząc
Dalej! żwawo! hasa! hej!
Buchaj, ogniu! kotle, wrzej!

Trzecia Czarownica
Jeszcze ingrediencji kilka!
Łuska smocza i ząb wilka,
Z mumii sok, kiszka i ślina
Zbójcy morskiego, rekina,
Korzeń lulka i cykuty
Z łona ziemi w noc wypruty,
Język bluźniącego Żyda,
Koźla żółć, i ta się przyda,
A do tego Turka nos
I z Tatara brody włos,
Dwa paluszki małych dziatek
Zaduszonych; na ostatek,
Dla nadania konsystencji
Tej przeklętej kwintesencji,
Tygrysicy trupie trzewia.

Wszystkie trzy
tańcząc
Dalej! żwawo! w prawo! w lewo!
W lewo! w prawo! hasa! hej!
Buchaj, ogniu! kotle, wrzej!

Druga Czarownica
By zaś zakląć wszelkie duchy,
Wlejcie jeszcze małpiej juchy.
Wchodzi Hekate.

Hekate
Dobrzeście mi się popisały,
Trud wasz i pośpiech wart pochwały.
A teraz dalej, wszystkie społem
Opaszcie sagan skocznym kołem
I ponad parą jego warów
Śpiewając dokonajcie czarów.
Wychodzi. Muzyka. Śpiew.

Duchy czarne, białe,
Bure i szare
Zstąpcie, zstąpcie, zstąpcie
W tę tu pieczarę.

Druga czarownica
Palec mię świerzbi, to dowodzi,
Że jakiś potwór tu nadchodzi:
Odsłońcie otwór, niech wejdzie potwór!
Wchodzi Makbet.

Makbet
Nuże, pokątne, stare prorokinie,
Co tam stwarzacie?

Wszystkie trzy
razem
Bezimienne dzieło.

Makbet
W imię tych potęg, którym hołdujecie,
Jakie bądź one są i skąd bądź może
Pochodzić wasza tajemnicza wiedza,
Odpowiadajcie mi, zaklinam was!
Choćbyście miały rozpętać orkany
I zwrócić wściekłość rozhukanych wichrów
Przeciw kościołom; choćby wzdęte wały
Roztrzaskać miały i pochłonąć w sobie
Wszelką żeglowną łódź; choćbyście miały
Zmiąć bujne zboża, drzewa wykorzenić,
Zamki powalić na głowy obrońców;
Choćby pałace, piramidy miały
Pochylić czoła aż do fundamentów;
Chociażby wszystkie skarby przyrodzenia
W zarodach swoich miały zmarnieć, ażby
Samo zniszczenie osłabło z znużenia:
Odpowiedzcie mi, odpowiedzcie na to,
O co was pytam.

Makbet – żądanie poznania przyszłości

Pierwsza Czarownica
Mów.

Druga Czarownica
Pytaj.

Trzecia Czarownica
Słuchamy.

Pierwsza Czarownica
Powiedz nam najpierw czy wolisz z naszych
Ust usłyszeć, czy z ust naszych władców?

Makbet
Dobrze, wezwijcie ich, niech ich zobaczę.

Pierwsza Czarownica
Krew maciory, która zjadła
Swój płód własny, trochę sadła
Pociekłego z szubienicy,
Gdzie wisieli rozbójnicy –
Wrzućcie w kocioł.

Wszystkie trzy
razem
Wielcy, mali,
Wzywamy was z bliska, z dali,
Abyście się ukazali.
Grzmot.
Ukazuje się Głowa w hełmie[53].

Makbet
Powiedz, nieznana potęgo!

Pierwsza Czarownica
On wie, co kryje twoja głowa:
Słuchaj, nie mówiąc ani słowa.

Zjawisko
Makbecie! Makbet! Lękaj się Makdufa,
Lękaj się tana Fajf! – przyjm tę przestrogę.
Jeśli jej twoja dusza nie zaufa,
Zginiesz. Dość. Więcej powiedzieć nie mogę.
Znika.

Wróżby – ostrzeżenie Makbeta przed Makdufem (jednoznaczna)

Makbet
Ktokolwiek jesteś, dzięki ci! trafiłeś
W sam rdzeń obawy mojej. Jeszcze słowo!

Pierwsza Czarownica
On nie zna, co to rozkaz. Oto drugi
Jeszcze silniejszy.
Grzmot.
Ukazuje się Zakrwawione dziecko[54].

---

[53] *Głowa w hełmie* – ta zjawa tłumaczona jest w następujący sposób: głowa w hełmie oznacza głowę Makbeta odciętą i przyniesioną przez Makdufa Malkolmowi.

Zjawisko

Makbet! Makbet!

Makbet

Choćbym
Miał troje uszu, słuchałbym cię każdym.

Zjawisko

Makbet! bądź mężny, nieugięty, srogi,
Gardź siłą ludzką i skrytymi wrogi,
Z tych bowiem, których rodziła kobieta,
Nikt potężnego nie zmoże Makbeta.

Znika.

Wróżby – zapewnienie Makbeta o bezkarności (wieloznaczna)

Makbet

Żyj więc, Makdufie, niestrasznyś mi teraz.
Podwójnie jednak chcę się zabezpieczyć
I wziąć od losu zakład: musisz umrzeć,
Bym mógł fałsz zadać trwodze i spokojnie
Spać przy łoskocie gromów.

Grzmot.

Ukazuje się Dziecko w koronie, z gałęzią w ręce[55].

Cóż to teraz
Zjawia się niby królewski potomek,
Z koronowanym czołem?

Wszystkie trzy

Milcz i słuchaj.

Zjawisko

Bądź jak lew śmiały, dumny, przedsiębiorczy;
Nie tknie Makbeta żaden cios morderczy,
Póki las Birnam ku dunzynańskiemu
Wzgórzu nie pójdzie walczyć przeciw niemu.

Wróżby – zapewnienie Makbeta o bezkarności (wieloznaczna)

Makbet

Do tego nigdy nie przyjdzie. Któż zdoła
Las wzruszyć z posad, kazać jego drzewom
Dobyć korzenie z głębokości gruntu?
Święć się, przyjazna wróżbo! Hydro buntu,
Nie podnoś głowy wprzód, aż się podniesie
Las Birnam. Wielki, jak drzewa w tym lesie,
Żyć będzie Makbet, nie dbając o burze,

---

[54] *Zakrwawione dziecko* – to Makduf wyjęty przedwcześnie z przeciętego łona matki.

[55] *Dziecko w koronie z gałęzią w ręce* – przedstawia Malkolma, który kazał swym żołnierzom pościnać gałęzie i pod ich osłoną zaatakować Dunzynan (Dunsinane).

Podległy tylko śmiertelnej naturze
I prawom czasu. Lecz jedną rzecz jeszcze
Trzeba mi wiedzieć. O wy, twory wieszcze,
Jeśli przed wami przeznaczenie chyli
Wszelką zasłonę, powiedzcie mi, czyli
Potomstwo Banka będzie kiedykolwiek
Rządzić tym krajem?

Wszystkie
razem
O to nas nie pytaj.

Makbet
Muszę w tym względzie być zaspokojony;
Jeśli mi tego odmówicie, niechaj
Wieczne przekleństwo na was spada! Mówcie!
Odgłos obojów. Kocioł znika.
Czemu znikł kocioł i co to za odgłos?

Pierwsza Czarownica
Ukażcie się!

Druga Czarownica
Ukażcie się!

Trzecia Czarownica
Ukażcie się!

Wszystkie trzy
Pokażcie mu to, czego chce.
Jak lekki dym lub lotny gaz,
Ukażcie się i zgińcie wraz!
Ukazuje się ośmiu królów[56]*, który przechodzą przez scenę jeden za drugim; za ostatnim, trzymającym zwierciadło w ręku, postępuje Banko.*

Makbet
Tyś żywy obraz Banka. Precz! przepadnij!
Korona twoja pali mi źrenice.
A ty, ty druga maro w złotym wieńcu,
Twój włos jest taki sam jak u pierwszego.
I trzeci jeszcze, podobny do tamtych!
Złośliwe wiedźmy, po co mi ten obraz
Ukazujecie? Ha! otóż i czwarty!

Wróżby – Banko ojcem królów (jednoznaczna)

[56] *Ukazuje się ośmiu królów...* – ten fragment przepowiedni stanowi wyraźną aluzję do osoby króla angielskiego, Jakuba I, pochodzącego ze szkockiej dynastii Stuartów. Jakub I wywodził swoją, liczącą do czasów Szekspira ośmiu królów, dynastię od Banka. Szekspir, decydując się na taką właśnie liczbę królów, składa swojemu władcy rodzaj hołdu.

I piąty? Czyliż ten pochód trwać będzie
Do końca świata! Jeszcze jeden! Siódmy!
Tego już nadto! Ale oto jeszcze
Ósmy z kolei zbliża się z zwierciadłem,
W którym spostrzegam długi szereg takich
Samych postaci, a niektóre mają
Podwójne jabłka i potrójne berła[57].
Okropny, stokroć przeklęty widoku!
Ma to być prawda? Krwią zbroczony Banko
Śmieje się ze mnie i wskazuje na tych,
Co po nim idą, jakby chciał powiedzieć:
„To moi". Więc to tak?

Pierwsza Czarownica
Tak, panie, ten to znak.
Lecz czemuż się Makbeta dusza
Tak bardzo na ten widok wzrusza?
Orzeźwmy, siostry, jego męstwo,
Niech szczytu dojdzie czarnoksięstwo!
Ja zbudzę dźwięk, a wy bez zwłoki
W korowód rozpocznijcie skoki,
By się w nim nowy zapał wzmógł
I wielki król powiedzieć mógł,
Że starożytne wiły
Godnie go ugościły.

Muzyka.
Czarownice tańczą, a następnie znikają.

Makbet
Gdzież one? Wyszły? Niechaj ta godzina
Jako przeklęta zapisaną będzie
Na wieczne czasy w kalendarzu! – Hola!
Wejdź, kto tam jesteś.

Lennox
wchodząc
Co rozkażesz, panie?

Makbet
Widziałeś tam te wiedźmy?

Lennox
Nie widziałem.

[57] *mają/ Podwójne jabłka i potrójne berła* – jabłko i berło było atrybutem króla, potrójne berło oznacza połączone królestwo Anglii, Szkocji i Irlandii; pierwszy te królestwa zjednoczył król Jakub I; podwójny diadem to korony Szkocji i Anglii, królowie angielscy nie koronowali się jako królowie Irlandii.

Makbet
Nie przechodziły tamtędy?

Lennox
Nie, panie.

Makbet
Zapowietrzona niech będzie ich droga
I potępiony, kto im daje wiarę!
Słyszałem tętent koni: ktoś przejeżdżał?

Lennox
To dwóch rycerzy, panie, którzy waszej
Królewskiej mości przywieźli wiadomość,
Że Makduf zbiegł do Anglii.

Makbet
Zbiegł do Anglii?

Lennox
Tak, panie.

Makbet
Czasie, ty uprzedzasz straszne
Moje ocknienie. Zamiary są wiatrem,
Kiedy nie idą z wykonaniem w parze.
Od dziś dnia każdy płód mojego mózgu
Będzie bliźniaczym bratem mojej ręki
I przedsięwzięcie to spełnię natychmiast:
Napadnę zamek Makdufa, zdobędę
Cały Fajf, oddam na pastwę żelaza
Jego niewiastę, jego dzieci, wszystko,
Co ma z krwią jego jakikolwiek związek.
Dość tych przechwałek! Niech skutek dowodnie
Odpowie słowom, nim zamiar ochłodnie.
Tylko już pokój czarom! Gdzie ci gońcy?
Prowadź mię do nich.

Wychodzą.

Makbet – zabójstwo rodziny Makdufa

SCENA 2

Fajf. Komnata w zamku Makdufa.
Lady Makduf, jej mały Synek i Rosse.

Lady Makduf
Cóż on uczynił, żeby być zmuszony
Uciekać z kraju? Co uczynił?

Rosse
Chciej zważyć, pani...

Lady Makduf
On na nic nie zważał;
Jego ucieczka jest szaleństwem. Bojaźń
Tak dobrze czyni zdrajcą, jak i zdrada.

Rosse
Nie wiesz, o pani, czy to krok obawy,
Czy roztropności.

Lady Makduf
Roztropności? Żonę,
Dzieci porzucać, dom i dostojeństwa,
Wszystko, co ludzi przykuwa do miejsca?
On nas nie kocha, w nim nie ma czułości.
Najlichszy ptaszek, drobny mysikrólik[58]
Nie walczy z sową, broniąc piskląt w gnieździe?
Bojaźń u niego wszystkim, niczym miłość.
Niewielka też i mądrość, gdzie ucieczka
Sprzeczna z rozumem.

Rosse
Uspokój się, pani,
I nie uwłaczaj małżonkowi. Jest on
Szlachetny, mądry, bardziej niż ktokolwiek
Świadomy praktyk dzisiejszej epoki.
Nie mogę nad tym dłużej się rozwodzić.
Ciężkie to czasy, w których człek jest zdrajcą,
Nie wiedząc o tym; słyszy wieści o czymś,
Czego się lęka, czego się zaś lęka,
Nie wie sam, krążąc na oślep po dzikim,
Wzburzonym morzu. Zostawiam cię, pani;

---

[58] *drobny mysikrólik nie walczy z sową... ?* – podanie ludowe głosi, że sowa boi się mysikrólika.

Wkrótce tu będę znowu: mam nadzieję,
Gdzie nadmiar złego, tam złe musi ustać
Albo powrócić do dawnego stanu.
Bądź zdrów, mój mały przyjacielu, niech cię
Bóg ma w opiece.

Lady Makduf

Ma ojca, nieborzę.
A jest sierotą.

Rosse

Dłuższy mój tu pobyt
Naraziłby mnie na niebezpieczeństwo.
A ciebie, pani, na przykrość; dlatego
Wybacz, że spiesznie się oddalam.
Wychodzi.

Lady Makduf

Chłopcze,
Twój ojciec umarł. Cóż poczniesz bez ojca?
Jakież to teraz będzie życie twoje?

Synek
Takie jak ptaszka, matko.

Lady Makduf

Żyć więc będziesz
Muchami tylko, robaczkami?

Synek

Wszystkim,
Co mi się uda złowić: tak jak ptaszek.

Lady Makduf
Biedny mój ptaszku, nie lękasz się sideł
Ani potrzasków, ani lepu?

Synek

Czegoż
Miałbym się lękać, matko? Biednym ptaszkom
Nie czynią przecie nic złego. A potem
Ojciec nie umarł, choć tak mówisz.

Lady Makduf

Umarł,
Umarł doprawdy. Skąd weźmiesz, nieborzę,
Drugiego ojca?

Synek

A skąd ty, mateczko,
Weźmiesz drugiego męża?

Lady Makduf

Pięćdziesięciu
Kupić bym mogła na pierwszym jarmarku.

Synek

Aby ich potem odsprzedać, nieprawdaż?

Lady Makduf

Masz dowcip, lubo ten twój dowcip nie jest
Jeszcze nad lata twoje.

Synek

Mateczko, czy ojciec
Był zdrajcą?

Lady Makduf

Był nim.

Synek

A co to jest zdrajca?

Lady Makduf

Ten, co przysięga i kłamie.

Synek

Czy wszyscy,
Którzy to czynią, są zdrajcami?

Lady Makduf

Każdy,
Który to czyni, jest zdrajcą i wisieć
Za to powinien.

Synek

Więc wszyscy tacy
Powinni wisieć?

Lady Makduf

Wszyscy.

Synek

Któż ich wiesza?

Lady Makduf

Ma się rozumieć, że poczciwi ludzie.

Synek
Takim sposobem przysiężcy i kłamcy
Są bardzo głupi: jest ich bowiem tylu,
Żeby poczciwych ludzi mogli pobić
I powywieszać.

Lady Makduf
Pomagaj ci Boże,
Biedny błazenku! Lecz skąd weźmiesz ojca?

Synek
Gdybym go nie miał, płakałabyś po nim,
Matko; a gdybyś po nim nie płakała,
Byłby to dowód, że wkrótce mieć będę
Nowego.

Lady Makduf
Biedny ty paplo, co bajesz!
Wchodzi Nieznajomy.

Nieznajomy
Bądź pozdrowiona, piękna pani! Jestem
Obcy dla ciebie, ale twoja godność
Jest mi dokładnie znana. Chroń się, uchodź,
Niebezpieczeństwo wisi tuż nad tobą.
Nie gardź przestrogą prostego człowieka,
Weź dzieci, opuść natychmiast te miejsca.
Jest to zaiste okrucieństwem tak cię
Przerażać, pani. Coś gorszego nad to
Chcieć ci wyrządzić, byłoby srogością
Potworną, która jest jednak zbyt bliska
Twojej osoby. Niech cię chronią nieba!
Nie mogę bawić dłużej.
Wychodzi.

Lady Makduf
Gdzież mam uciec?
Cóżem zrobiła złego? Ale prawda,
Żyję na świecie, na którym zło często
Bywa chwalebne, a dobro bierze się
Za zgubne głupstwo. Biada mi! Czyż zdołam
Znaleźć obronę w tych jedynie słowach:
Jestem niewinna?
Wchodzą Mordercy.
Ha, cóż to za twarze!

Morderca
Gdzie mąż waćpani?

Lady Makduf
Mój mąż? Pewnie w żadnym
Tak niecnym miejscu, gdzieby go mógł znaleźć
Podobny tobie.

Morderca
On jest zdrajcą.

Synek
Kłamiesz.
Kudłaty łotrze!

Makbet – zabójstwo rodziny Makdufa

Morderca
A ty jaje! Mała,
przebija go
Krnąbrna gadzino, leż!

Synek
Zabił mnie! Matko!
Uciekaj! błagam cię!
Umiera.
Lady Makduf, ścigana przez Morderców, ucieka wołając: „Morderstwo! Ratunku!"

SCENA 3

W Anglii. Sala w pałacu królewskim.
Malkolm i Makduf.

Malkolm
Idźmy poszukać ustronnego cienia
I tam spokojnie spłakać naszą boleść.

Makduf
Idźmy wznieść raczej miecz nieubłagany
I, jak przystoi prawym mężom, walczyć
Za poniżone nasze gniazdo. Z każdym
Nowym porankiem nowe wdów jęczenia,
Nowy płacz sierot, nowe skargi głośno
Biją w niebiosa, tak że te wydają
Żałobny odgłos, jak gdyby toż samo
Czuły co Szkocja i tak samo pomsty
Wzywały.

Makduf i Malkolm – spisek przeciwko Makbetowi

Malkolm

Cierpię nad tym, czemu wierzę,
A wierzę temu, co wiem; co zaś mogę
Uczynić w takim razie, to uczynię,
Gdy w sposobności znajdę sprzymierzeńca.
To, coś powiedział, mogłoby być prawdą.
Ten krwawy tyran, na którego wzmiankę
Język drętwieje, uchodził był dawniej
Za cnotliwego; sprzyjałeś mu waćpan,
On cię też jeszcze nie skrzywdził. Jam młody,
Mógłbyś go sobie zjednać moim kosztem.
Roztropność nawet radziłaby biedne,
Bezsilne jagnię oddać na ofiarę
Gniewnemu bóstwu.

Makduf

Jam nie zdrajca.

Malkolm

Ale
Jest nim Makbet, a królewski nakaz
Panującego najpoczciwszych może
Sprowadzić z prawej drogi. Wybacz jednak;
Czym jesteś, jesteś; gruntu duszy twojej
Niedowierzanie moje nie przemieni;
Wszak aniołowie jaśnieć nie przestają,
Choć najjaśniejszy z nich upadł. Chociażby
Wszystkie brudy świata przywdziały maskę cnoty,
Przecieżby cnota musiała się w takim
Świetle przedstawiać.

Makduf

Straciłem nadzieję.

Malkolm

Podobno właśnie tam, gdzie ja powziąłem
Powątpiewanie. Odbiegłeś tak nagle
Żony i dzieci (te najdroższe węzły,
Te najsilniejsze ogniwa miłości),
Nie pożegnawszy ich nawet. O! wybacz!
Niechaj ta moja nieufność nie będzie
W twych oczach ujmą twojej poczciwości,
Ale rękojmią mego bezpieczeństwa.
Co bądź ja myślę, serce twoje może
Być czyste.

Makduf

Brocz się, brocz, biedny nasz kraju!
Gruntuj spokojnie fundament bezprawia,
Tyranio! cnota nie wstrząśnie już tobą!
Puść wodze gwałtom! Prawomocność twoja
Zyskała sankcję! Żegnam cię, o, panie!
Nie byłbym takim nędznikiem, jak sądzisz,
Za wszystką przestrzeń, którą tyran dzierży,
Za wszystkie skarby Wschodu.

Malkolm

Nie miej do mnie
Żalu, Makdufie! W tym, co powiedziałem,
Nie ma przed tobą obawy.
Wierzę, iż kraj nasz upada pod jarzmem,
Że jęczy, we krwi się pławi, że z każdym
Nowym dniem nowa przybywa mu rana.
Nie wątpię także, że liczne by dłonie
Wzniosły się za mnie. Już wspaniała Anglia
Ofiarowała do rozporządzenia
Kilka tysięcy mężnych. Ale cóż stąd?
Chociażbym zdeptał kark przywłaszczyciela
I głowę jego na mym mieczu zatknął,
Nieszczęsna nasza Szkocja nic by na tym
Nie skorzystała; cierpiałaby, owszem,
Nierównie bardziej i dotkliwiej pod tym,
Co by nastąpił.

Makduf

Któż by to był taki?

Malkolm

Przypuszczam, że to ja. Owóż w mym sercu
Zarody niecnót tak są zagęszczone,
Że gdyby wzrosły jeszcze, sam czarny Makbet
Jak śnieg wydałby się biały i biedny.
Kraj by w nim widział jagnię w porównaniu
Z bezmiarem moich nieprawości.

Makduf

Nie ma
W zastępach piekieł szatana zdolnego
Przewyższyć w złości Makbeta.

Malkolm

To prawda,

Malkolm – o Makbecie

Że on jest krwawy, gwałtowny, złośliwy,
Fałszywy, chytry, drapieżny, wszeteczny,
Pełen wszelkiego rodzaju ohydy,
Noszącej znaną nazwę, ale moja
Rozpusta nie ma granic. Wasze żony,
Córy, dziewice, ba! nawet matrony
Nie napełniłyby studni żądz moich.
Chuci me wszelką zerwałyby tamę
Stawioną mojej woli. Lepszy Makbet
Niż taki władca.

Makduf

Niepohamowana
Krewkość jest wprawdzie w dziedzinie natury
Także tyranią; niejeden już piękny
Tron opróżniła i stała się zgubą
Wielu monarchów. Tej jednak słabości
Nie bój się, panie; będziesz mógł w tej mierze
Popędom swoim szeroko dogadzać,
Zimnym na zewnątrz się wydając; szaleć,
Na oczy świata wkładając przepaskę.
Chętnych białogłów mamy dość. Nie mogę
Uwierzyć, panie, abyś w sobie żywił
Takiego sępa, który by był zdolny
Tyle ich schłonąć, ile się ich zwykło
Nastręczać władzy, kiedy ją do tego
Znajdują skłonną.

Malkolm

Oprócz tego leży
W usposobieniu moim taka niczym
Nienasycona chciwość, że zostawszy
Królem, gnębiłbym, mordowałbym szlachtę
Dla zagarnięcia jej dóbr, pożądałbym
Tego klejnotów, a zamków tamtego.
Wzrost mienia byłby dla mego łakomstwa
Jak sos korzenny, co wzmaga apetyt.
Knułbym intrygi, zasiewałbym waśnie,
Niesprawiedliwe wytaczałbym spory
Wiernym poddanym, rujnując ich celem
Zyskania łupu.

Makduf

Ta wada tkwi głębiej,
Szkodliwsze puszcza korzenie niż jare

Ziarno rozpusty: ona to bywała
Mieczem, co naszych królów dni przecinał.
Nie bój się jednak, panie: nasza Szkocja
Dość jest zamożna i potrafi sprostać
Twym wymaganiom. Jeszcze to jest znośne,
Gdy inne cnoty przeciwważą.

Malkolm

Ale
Ja nie mam żadnej. Sprawiedliwość, prawość,
Umiarkowanie, łaskawość, wspaniałość,
Stałość, uprzejmość, pobożność, cierpliwość,
Męstwo, energia – te wszystkie przymioty,
Właściwe królom, są mi całkiem obce.
Nie ma ich we mnie i cienia. Natomiast
Bogaty jestem w wszelki rodzaj przywar,
W rozliczny sposób zdolnych się objawić.
Gdybym miał władzę, słodkie mleko zgody
W piekło bym wylał, zakłóciłbym pokój
Powszechny, zniósłbym, rozerwałbym wszelką
Jedność na ziemi.

Makduf

Szkocjo! Szkocjo!

Malkolm

Czy byłby
Ktoś taki godzien władzy? Powiedz!
Jam właśnie taki.

Makduf

Godzien władzy? Nawet
Życia niegodny! Nieszczęsny narodzie,
Pod krwawym berłem niecnego przybysza
Jęczący, kiedyż ci wrócą dni błogie,
Skoro najbliższy, prawy spadkobierca
Twojego tronu zostaje pod klątwą
Własnych zarzutów i własnej krwi bluźni?
Nieboszczyk rodzic twój, książę, był królem
Ze wszech miar świętym; królowa, dawczyni
Twego żywota, pędziła dni raczej
Na klęczkach niż na nogach, umierając
Z każdą godziną życia. Bądź mi zdrowy!
Takie to właśnie niecnoty, o które
Siebie oskarżasz, wygnały mnie z Szkocji.
Nadzieje moje, żegnam was!

Malkolm

Makdufie,
Ten żal szlachetny, ten poczciwy zapał,
Nadobne dziecko nieskazitelności,
Rozprasza w mojej duszy czarne cienie
Powątpiewania i myśl moją godzi
Z twoim honorem i wiarą. Ten chytry
Piekielnik Makbet nieraz usiłował
Taką przynętą wciągnąć mnie w moc swoją.
Skromnej jedynie rozwadze zawdzięczam,
Żem łatwowiernie tym próbom nie uległ.
Niech Ten, co rządzi tam na wysokości,
Rozstrzyga teraz między mną i tobą,
Bo od tej pory powierzam łódź moją
Twemu sterowi; cofam to, com zeznał,
I wyrzekam się wszelkich plam, wszelkich
Grzechów, którymi obarczyłem siebie.
Bom w gruncie od nich wolny. Nigdym jeszcze
Nie tknął kobiety, nigdym nie pożądał
Cudzego mienia, rzadkom nawet sięgnął
Po własne, nigdy nie złamałem słowa.
Nie byłbym zdolny zdradzić nawet diabła
Przed diabłem. Prawdę miłuję jak życie,
Pierwszym mym kłamstwem było to świadectwo
Przeciwko sobie. Czym jestem, to święcę
Tobie i naszej nieszczęśliwej ziemi,
Ku której, jeszcze przed twoim przybyciem,
Sędziwy Siward z dziesiątkiem tysięcy
Anglików już był gotowy wyruszyć.
Razem pójdziemy teraz. Oby szczęście
Było podobne naszej sprawie! Milczysz?

Makduf

Tyle bolesnych i radosnych wrażeń
Trudno pogodzić.

Wchodzi Lekarz.

Malkolm

Jeszcze o tym z sobą
Pomówim. Mości lekarzu, czy prędko
Król wyjdzie?

Lekarz

Wkrótce, panie. Tłum biedaków

Czeka na niego[59]; niemoc ich uparta
Żartuje z wszelkich usiłowań sztuki.
Lecz gdy on do nich przystąpi i swoją
Błogosławioną ręką ich się dotknie,
Wnet ozdrowieją.

Malkolm

Dziękuję, lekarzu.

Wychodzi Lekarz.

Makduf

O jakiejże to on chorobie prawił?

Malkolm

Są to tak zwane skrofuły. Od czasu
Mego pobytu w Anglii jużem nieraz
Był świadkiem takiej cudownej kuracji
Króla Edwarda. Jakim on sposobem
Wyprasza sobie to u nieba, jemu
Tylko wiadomo, lecz pewne, że ludzie
Srodze dotknięci tą plagą, opuchli,
Aż smutno patrzeć, odzyskują zdrowie,
Gdy im na szyi jakiś złoty medal
Zawiesi, cichą zmawiając modlitwę.
Mówią, że święty ten sekret zamierza
Przekazać swoim następcom. Prócz tego
Ma on proroczy dar przepowiadania
I wiele innych zbawczych wpływów zlewa
Na lud, który go mieni łaski pełnym.

Król Edward – ideał władcy

Wchodzi Rosse.

Makduf

Patrz, panie, kto się tu zbliża.

Malkolm

Ktoś z naszych,
Ale go jeszcze nie poznaję.

Makduf

Stale
Miły nam, bracie, bądź nam na tym miejscu
Z serca pozdrowion!

---

[59] *tłum biedaków/ Czeka na niego* – wierzono w Anglii, że król Edward Wyznawca miał cudowną moc leczenia skrofułów przez dotknięcie ręką. Dar ten przypisywano po nim wszystkim angielskim królom. Dopiero Wilhelm Orański odprawił cisnących się do niego poddanych słowami: „Niech Bóg da wam zdrowie i trochę więcej rozumu”.

Malkolm

Poznaję go teraz.
Oddalcie, nieba, to, co by nas mogło
Czynić obcymi sobie!

Rosse

Amen, panie.

Makduf

Jeszcze tak samo w Szkocji?

Rosse

Biedna ziemia!
Nieledwie sama sobie jest postrachem.
Nie matką nam ją zwać, grobowcem raczej,
Gdzie uśmiech tylko tym ożywia usta,
Co nic nie wiedzą; gdzie westchnienia, jęki,
Krzyki i łkania w krąg sieką powietrze
I przebrzmiewają nie słyszane; gdzie rozpacz
Gminnym wydaje się szałem; gdzie kiedy
Dzwon pogrzebowy zawyje żałośnie,
Nikt nie zapyta nawet, komu dzwonią;
Gdzie sprawiedliwy obumiera prędzej
Niż kwiat zdobiący mu czapkę i kona
Nie zdążywszy zachorować.

Rosse o sytuacji w Szkocji za panowania Makbeta

Makduf

Straszny,
A jednak pełen prawdy wizerunek!

Malkolm

Jakież najnowsze nieszczęście?

Rosse

Najnowsze?
Kto mówi, co się przed godziną stało,
Ten prawi stare rzeczy: każda chwila
Wylęga nową biedę, nową zgrozę.

Makduf

Jak się ma moja żona? Powiedz.

Rosse

Dobrze.

Makduf

I wszystkie moje dzieci?

Rosse

Także dobrze.

Makduf

Nie targnął się więc tyran na spokojność
Mojej rodziny?

Rosse

Nie, spokojna była,
Gdym ją opuszczał.

Makduf

Nie skąp słów, mów wszystko!

Rosse

Kiedym tu zdążał z wieścią, której ciężar
Tłoczył mi serce, chodziła pogłoska,
Że wielu naszych szlachetnych rodaków
Za broń chwyciło, co potwierdził widok
Wojowniczego ruchu wojsk tyrana.
Teraz lub nigdy, czas spieszyć z pomocą.
Ukazanie się twoje, panie, w Szkocji
W lot by stworzyło mnogie hufce, słabym
Kobietom nawet podałoby oręż
Do walki, koniec mającej położyć
Dotychczasowej ich niedoli.

Malkolm

Niech ich
Krzepi tymczasem to, że tam idziemy.
Wspaniała Anglia użycza nam dziesięć
Tysięcy ludzi pod wodzą Siwarda,
Najdzielniejszego, najdoświadczeńszego
Żołnierza w całym chrześcijaństwie.

Rosse

Obym
Za tę pociechę mógł się wywzajemnić
Też czymś podobnym! Ale moje usta
Więżą, niestety, w sobie takie słowa,
Które by trzeba w pustyni wyzionąć,
Aby ich ludzki słuch nie przejął.

Makduf

Kogoż
One dotyczą? ogółu czy jakiej
Prywatnej sprawy?

Rosse

Wszelki duch, niosący
Cześć cnocie, bierze udział w tej boleści,
Ale jej główna część przypada tobie.

Makduf

Jeśli mnie, to mi ją oddaj bez zwłoki.

Rosse

Niech ucho twoje nie przeklnie na zawsze
Mego języka, który w nie ma wrazić
Najprzeraźliwszy dźwięk ze wszystkich, jakie
Dotąd słyszało.

Makduf

Ha! zgaduję.

Rosse

Zamek
Twój został wzięty, żona twoja, dzieci
Zamordowane. Chcieć ci opisywać,
Jak się to stało, byłoby to dodać
Do liczby twoich zakłutych sarenek
Również śmierć twoją.

Malkolm

Litościwe nieba!
Nieszczęsny! nie chyl przyłbicy na czoło;
Daj głos boleści! ona milcząc wzdyma
Zaparte serce i pęknąć mu każe.

Makduf

I moje dzieci?!

Rosse

Żona, dzieci, słudzy,
Wszystko, co było.

Makduf

I jam tam być nie mógł!
I żona moja także?

Rosse

Powiedziałem.

Malkolm

Pociesz się! Niechaj sroga nasza zemsta
Będzie lekarstwem na ten cios śmiertelny!

Makduf

On nie ma dzieci![60] – Moje pacholęta!
Wszystkie, powiadasz? O piekielny sępie!
Wszystkie pieszczoty moje razem z matką
Za jednym krwawym zamachem!

Malkolm

Znieś to nieszczęście jak mąż.

Makduf

Tak uczynię,
Lecz muszęć także i jak mąż je uczuć.
Nie mogę o tym pomyśleć, że miałem
Coś tak drogiego i już nie mam. Jak to!
Nieba patrzyły na to i ścierpiały
Taką okropność? Występny Makdufie,
Tyś to je zabił. Nie skutkiem to własnej,
Lecz twojej winy śmierć poniosły. – Daj im
Panie wieczne odpoczywanie!

Malkolm

Nie miękcz w sobie serca!
Niechaj ta żałość będzie raczej żagwią
Twojej dzielności, szlifierskim kamieniem
Twojego miecza.

Makduf

O, mógłbym jak dziecko
Płakać i usty miotać się jak junak!
Ale przetnijcie, dobre nieba, wszelką
Dłuższą odwłokę! Stawcie mię naprzeciw
Tego szatana Szkocji oko w oko,
Tylko na długość miecza mi go dajcie:
Jeżeli zdoła ujść, niechże mu wtedy
Pan Bóg przebaczy.

Makduf – przysięga zemsty na Makbecie

Malkolm

Ten ton brzmi po męsku.
Idźmy do króla. Gdy go pożegnamy,
Nic nas wstrzymywać nie będzie, bo owoc
Zbrodni Makbeta w sam raz już dojrzały
Do otrząśnięcia i przedwieczny Sędzia
Posyła swoje ku temu narzędzia.
Miejmy otuchę! Ta tylko noc nęka,
Po której nigdy nie ma wzejść jutrzenka.

Wychodzą.

[60] *On nie ma dzieci!* – jedyną zemstą Makdufa mogłoby być zabicie dzieci Makbeta, ale on dzieci nie ma.

AKT V

SCENA 1

Dunzynan. Komnata w zamku.
Lekarz i jedna z dum pałacowych.

Lekarz
Jużem z panią czuwał przez dwie noce i przekonać się o prawdzie jej twierdzenia nie mogę. Dawno się to zdarzyło po raz ostatni?

Dama
Zaraz po wyjściu jego królewskiej mości w pole. Widziałam na własne oczy, jak wstała z łóżka, zarzuciła na siebie nocny ubiór, otworzyła szkatułę, wyjęła papier, złożyła go, napisała coś na wierzchu, przeczytała potem i zapieczętowawszy położyła się znowu: wszystko to we śnie jak najgłębszym.

Lady Makbet – obłęd

Lekarz
Dziwne zboczenie natury! Zostawać pod dobroczynnym wpływem snu i pełnić zarazem funkcję czuwającego. Ale pominąwszy jej przechadzkę i inne czynne manifestacje, nie słyszałaś, pani, aby w tym sennym stanie coś mówiła?

Dama
I owszem, takie rzeczy, których za nic nie powtórzę.

Lekarz
Mnie możesz, pani; potrzeba nawet, abyś to uczyniła.

Dama
Nie powtórzę nikomu w świecie; nie mam bowiem świadka, który by to potwierdził.

Lady Makbet wchodzi ze świecą w ręku.

Patrz pan, oto idzie! Tym samym trybem co zawsze i najzupełniej uśpiona. Uważaj tylko, stój cicho.

Lekarz
Skąd ona wzięła tę świecę?

Dama
Stała przy jej łóżku. Ciągle musi mieć światło przy sobie. Taki wydała rozkaz.

Lekarz
Widzisz, pani – oczy ma otwarte.

Dama
Tak, ale ma zamkniętą ich władzę.

Lekarz
Cóż to ona robi? Patrz, pani, jak sobie ręce obciera.

Dama
To jej ruch zwyczajny; zdaje się jej, że tym sposobem umywa sobie ręce; widziałam ją to robiącą, bywało, przez cały kwadrans.

Motyw „mycia rąk"

Lady Makbet
Jeszcze jedna plama.

Lekarz
Cicho, zaczyna mówić; muszę sobie zapisać wszystko, co usłyszę, abym mógł lepiej spamiętać.

Lady Makbet
Precz, przeklęta plamo! precz! mówię. Raz dwa – czas działać. Piekło ciemne. – Wstydź się, mężu, wstydź się! Żołnierzem jesteś, a tchórzysz? Cóż stąd, chociażby się wydało? Nikt nas przecie nie pociągnie do tłumaczenia. – Jednakże kto by się był spodziewał tyle krwi w tym starcu!

Motyw „mycia rąk"; ważny cytat

Lekarz
Słyszysz, pani?

Lady Makbet
Tan Fajf miał żonę; gdzież ona jest? Cóż to? Czyż te ręce nigdy obmyć się nie dadzą? Dość tego, mężu, dość tego! Wszystko popsujesz tym obłąkanym wzrokiem.

Lekarz
Nieszczęsna, wiadome jej są rzeczy, których nie powinna wiedzieć.

Dama
Powiedziała, czego nie powinna była mówić; to rzecz pewna. Bóg raczy wiedzieć, co jest jej wiadome!

Lady Makbet
Ciągle ten zapach krwi! Wszystkie wonie Arabii[61] nie odejmą tego zapachu z tej małej ręki. Och! och! och!

[61] *wonie Arabii* – wonne olejki przywożono wtedy ze Wschodu.

Lekarz
Co to było za westchnienie! Ciężkież musi być brzemię na sercu.

Dama
Nie chciałabym mieć jej serca w moim ciele za wszystkie zaszczyty tego świata.

Lekarz
W rzeczy samej.

Dama
Nie daj mi, Panie, tego dożyć!

Lekarz
Choroba tego rodzaju leży poza obrębem mojej umiejętności. Znałem jednakże ludzi, co śpiąc chodzili, a mimo to skonali bogobojnie na łożu.

Lady Makbet
Umyj ręce, weź szlafrok; nie wyglądaj tak blado. Powtarzam ci, Banko pogrzebany, nie powstanie więcej.

Lekarz
Czy tak?

Lady Makbet
Do łóżka! do łóżka! kołatają do bramy. Pójdź, pójdź! pójdź! daj rękę! Co się stało, odstać się nie może. Do łóżka! do łóżka! do łóżka!
Wychodzi.

Lekarz
Teraz się idzie położyć?

Dama
Nie inaczej.

Lekarz
Zły to stan. Czyny przeciwne naturze
Rodzą przeciwny naturze niepokój;
Skrycie dręczone sumienie powierza
Nieraz poduszce tajemnice duszy.
Jej potrzebniejszy ksiądz niż lekarz, Boże,
Przebacz nam grzesznym! Nie odstąp jej, pani;
Miej ją na oku i pochowaj wszystko,
Czym by się mogła uszkodzić. Dobranoc.
To, co widziałem, i to, co słyszałem,
Wprawiło umysł mój i zmysły moje
W niewysłowione odurzenie. Myślę,
Lecz nie śmiem mówić.

Ważny cytat; lekarz o powodach obłędu Lady Makbet

Dama

Dobranoc ci, panie.

Wychodzą.

SCENA 2

W okolicy dunzynańskiego zamku.
Menteith, Caithness, Angus, Lennox i żołnierze z muzyką i chorągwiami.

Menteith

Angielskie wojska nadciągają. Malkolm,
Wuj jego Siward i dzielny nasz Makduf
Są na ich czele. Zemsta wre w ich piersiach,
I nie dziw: bowiem to, co oni znieśli,
Trupa by mogło wściekłością zapalić.

Angus

Pod lasem Birnam zejdziemy się z nimi:
Tamtędy idzie ich droga.

Caithness

Nie wiecie,
Czy jest Donalbein z bratem?

Lennox

Że go nie ma,
Mogę zapewnić: mam spis wszystkich osób
Przy nim będących. Jest tam syn Siwarda
I siła młodzi gołobrodej[62], która
Pierwszy raz teraz ma dać walną próbę
Swojego męstwa.

Menteith

Cóż porabia tyran?

Caithness

Obwarowuje dunzynański zamek.
Niektórzy mówią, że oszalał; inni,
Mniejszą żywiący ku niemu nienawiść,
Zwą to rycerskim zapałem. Z tym wszystkim
Pewną jest rzeczą, że chorej swej sprawy
Nie może oprzeć na karbach porządku.

[62] *młódź gołobroda* – w znaczeniu: zbyt młodzi.

Angus

Czuje on teraz u rąk ciężar swoich
Kryjomych mordów; ustawiczne bunty
Odpłacają mu jego wiarołomstwa.
Ci, co są pod nim, spełniają rozkazy
Z musu jedynie, bynajmniej z miłości.
Teraz on widzi swą dostojność luźno
Wiszącą na nim, jak suknia olbrzyma
Na nędznym karle.

Menteith

Nie dziw więc, że zmysły
Zakłopotane mieszać mu się muszą,
Gdy wszystko zgoła, co w nim jest, złorzeczy
Samemu sobie, że jest w nim.

Caithness

Nie traćmy
Czasu, panowie. Idźmy dań wierności
Wypłacić temu, komu się należy;
Ramieniem naszym poprzeć siły tego
Lekarza naszej schorowanej ziemi,
Z nim działać i z nim przelać za jej sprawę
Wszystką krew naszą.

Lennox

Lub taką jej ilość,
Jaka wystarczy do nadania wzrostu
Królewskiej róży i zalania ostu.
Ruszajmy tedy ku Birnam!

Wychodzą przy odgłosie muzyki.

SCENA 3

Dunzynan. Jedna z komnat zamkowych.
Wchodzi Makbet, Lekarze, a za nimi przyboczny orszak.

Makbet

Już mi języka nie przynoście! niech mię
Wszyscy odstąpią! Dopóki las Birnam
Pod dunzynański nie podstąpi zamek,
Urągam trwodze. Czy ten dzieciuch Malkolm
Nie wyszedł z łona kobiety? Potęgi
Świadome losów ludzkich najwyraźniej

Mi powiedziały: „Nie bój się, Makbecie,
Nikt z ludzi, których rodziła kobieta,
Nie weźmie nigdy przewagi nad tobą".
Precz więc, odstępcy, precz! Łączcie się z tymi
Niewieściuchami Anglii; nie dbam o was.
Duch mój i serce pod wyższą załogą
Nie zwątpi nigdy ani zadrży trwogą.

Jeden ze sług wbiega.

Żeby cię szatan poczernił! Nieszczęsny,
Skąd ci się wzięło to gęsie oblicze[63]?

Sługa

O, panie, zbliża się dziesięć tysięcy...

Makbet

Gęsi, hultaju? hę?

Sługa

Żołnierzy, panie.

Makbet

Idź, potrzyj sobie twarz, pomaluj ćwikłą
Ten blansz tchórzostwa[64]. Co? dziesięć tysięcy
Żołnierzy? Żeby ci język skamieniał!
Bladość lic twoich jest trwogi doradcą.
Jacy żołnierze? mów!

Sługa

Angielskie wojsko,
Do usług waszej wielkości.

Makbet

Uciekaj
Sprzed moich oczu! Gdzie Sejton? Sejtonie!
Słabnę na sercu, widząc... Hola! Sejton!
To najście albo dźwignie mnie na zawsze,
Albo powali. Dość już żyłem; wiosna
Życia mojego prędko przeszła, prędko
Żółtym, zwarzonym pokryła się liściem,
A to, co miało być szczęściem starości:
Cześć, posłuszeństwo, miłość, grono wiernych
Sług i przyjaciół – wszystko to nie dla mnie.
Raczej przekleństwo, nienawiść, tym głębsza,
Że cicha, cześć ust, posługi służalców,

[63] *gęsie oblicze* – przerażony wyraz twarzy.
[64] *blansz tchórzostwa* – bladość na twarzy.

Którzy by radzi mię odbiec, lecz nie śmią.
Sejton!

Sejton wchodzi.

Sejton

Co wasza królewska mość każe?

Makbet

Cóż tam nowego.

Sejton

To, co doniesiono,
Sprawdza się, panie.

Makbet

Walczyć będę, póki
Mi nie odrąbią mięsa z wszystkich kości.
Podaj mi zbroję!

Sejton

Jeszcze niepotrzebna.

Makbet

Wdzieję ją. Idź, zbierz co najwięcej koni,
Przebiegnij wkoło całą okolicę!
Kto bądź da hasło popłochu, niech wisi
Na pierwszym drzewie. Podaj mi hełm, pancerz.

Lekarz wchodzi.

Jak się ma waści pacjentka?

Lekarz

Nie tyle
Chora jest, panie, ile udręczona
Osobliwszymi widzeniami, które
Nie pozwalają jej użyć spoczynku.

Makbet

Wylecz ją z tego! Czy nie jesteś zdolny
Poradzić chorym na duszy? Głęboko
Zakorzeniony smutek wyrwać z myśli?
Wygnać zaległe w mózgu niepokoje?
I lekiem zapomnienia wyprzeć
Z uciśnionego łona ten tłok, który
Przygniata serce?

Lekarz

W takich razach chory
Musi sam sobie radzić.

Makbet

Rzuć więc w śmietnik
Te swoje driakwie; nie chcę wiedzieć o nich.
Jest tam kto? Podać mi zbroję, buławę!
Sejtonie, wyślij ludzi. – Patrz, doktorze,
Tanowie przeszli na stronę najeźdźców!
Dalej, Sejtonie, spiesz się! – O! doktorze.
Gdybyś mógł zbadać mocz mojego państwa,
Rozpoznać jego defekt i przywrócić
Mu dawny kolor, zwiastujący zdrowie,
Stałbym się echem, które by rozniosło
Po całym świecie poklask dla twej sztuki.
Sejtonie, spiesz się! Żeby znaleźć jaki
Senes, jalapę albo rumbarbarum[65],
Co by stąd wyparł tych Anglików! Pomyśl,
Słyszałeś o ich najściu?

Lekarz

Z mowy waszej
Królewskiej mości doszło o tym nieco
Do mojej wiedzy.

Makbet

Zanieście to za mną[66].
Drwię z klęsk i śmierci póki cię, Birnamie,
Przy dunzynańskiej nie zobaczę bramie.

Wychodzą wszyscy prócz Lekarza.

Makbet – poczucie bezkarności

Lekarz

Gdybym się za tę bramę raz wydostał,
Sam diabeł by mnie zawrócić nie sprostał.

Wychodzi.

SCENA 4

Okolica w pobliżu Dunzynanu. Las opodal.
Przy odgłosie trąb wchodzą z wojskiem i chorągwiami Malkolm, stary Siward z Synem, Makduf, Menteith, Caithness, Angus, Lennox, Rosse i inni.

Malkolm

Wkrótce, spodziewam się, nadejdą czasy,
Że człowiek będzie bezpieczny pod dachem.

[65] *senes, jalapa, rumbarbarum* – tu: środki przeczyszczające.
[66] *zanieście to za mną* – część zbroi lub miecz.

Menteith
Nie wątpimy o tym, panie.

Malkolm
Jak się nazywa
Ten las?

Menteith
Las Birnam.

Malkolm
Niech każdy wojownik
Utnie w nim gałąź i przed sobą niesie:
Przez taki fortel ukryjemy naszą
Istotną siłę, sprawimy, że szpiegi
W błąd wprowadzeni będą.

Las Birnam „idzie" pod zamek Dunzynan

Żołnierz
Tak się stanie.

Żołnierze wychodzą.

Siward
Nie powzięliśmy innego języka,
Jedno że tyran, zadufany w sobie,
Zamknął Dunzynan i chce oblężenie
Nasze wytrzymać.

Malkolm
W tym ci jest ostatnia
Jego ucieczka, gdziekolwiek się bowiem
Zdarzy sposobność, tak mali, jak wielcy
Powstają przeciw niemu i obecnie
Służą mu tylko najemnicy, obcy
Rodem i sercem.

Makduf
Schowamy na później
Uwagi nasze i sądy, a teraz
Mężnie i czynnie weźmy się do dzieła.

Siward
Zbliża się chwila mająca nam wskazać,
Co mamy nazwać naszym lub wymazać
Z ksiąg należności. Knucie nie zwycięża,
Rękojmia skutku jest w sile oręża,
Dalej więc, naprzód!

Wychodzą przy odgłosie muzyki.

SCENA 5

Dunzynan. Wewnątrz zamku.
Makbet, Sejton i Żołnierze wchodzą z muzyką i chorągwiami.

Makbet
Zatknijcie sztandar na wałach. Wciąż słychać
Ten przeraźliwy okrzyk: Idą! idą!
Warowny zamek nasz szydzi z ich groźby.
Niech go oblegną, niechaj leżą pod nim,
Dopóki ich głód i mór nie wytępią.
Gdyby nie byli wsparci przez tych, którzy
Tu być powinni, wyszlibyśmy na nich
I dalibyśmy im poczuć na karkach
Hart naszych mieczów.
Krzyk kobiet za sceną.
Cóż to znów za wrzawa?

Sejton
To krzyki kobiet, miłościwy panie.
Oddala się.

Makbet
Dawno już smaku trwogi zapomniałem:
Był czas, gdym drętwiał, słysząc głos puszczyka,
Gdy przy słuchaniu powieści o strachach
Włos mi się jeżył i prężył na głowie,
Jakby był żywy; czas ten prędko minął;
Przeładowałem się okropnościami:
Spoufalone z zgrozą zmysły moje
Stępiały na wpływ wrażeń.
Sejton powraca.
Co znaczyły
Te krzyki?

Makbet – całkowita wewnętrzna przemiania

Sejton
Panie, królowa umarła!

Makbet
Powinna była umrzeć nieco później;
Czego się było tak spieszyć z tą wieścią?
Ciągle to jutro, jutro i znów jutro
Wije się w ciasnym kółku od dnia do dnia
Aż do ostatniej głoski czasokresu;

Topos – *theatrum mundi*

Makbet – refleksje o bezsensie życia

A wszystkie wczora to były pochodnie,
Które głupocie naszej przyświecały
W drodze do śmierci. Zgaśnij, wątłe światło!
Życie jest tylko przechodnim półcieniem,
Nędznym aktorem, który swoją rolę
Przez parę godzin wygrawszy na scenie
W nicość przepada – powieścią idioty,
Głośną, wrzaskliwą, a nic nie znaczącą.

Żołnierz wchodzi.

Przyszedłeś zrobić użytek z języka,
Mów prędko!

Żołnierz

Panie, przychodzę oznajmić ci
Coś, co powiedzieć mogę, że widziałem,
Ale sam nie wiem, jak powiedzieć.

Makbet

Powiedz.
Jak możesz.

Żołnierz

Kiedy odbywałem wartę
Owdzie na wzgórzu, spojrzałem ku Birnam:
Wtem las, zdawało mi się najwyraźniej,
Zaczął się ruszać z miejsca.

Makbet

chwytając go za pierś

Kłamiesz, łotrze!

Żołnierz

Wywrzyj, o panie, na mnie swój gniew cały,
Jeśli tak nie jest. O trzy mile w dali
Widać go, jak się rusza i posuwa
Prosto w tę stronę.

Makbet

Jeśli fałsz donosisz,
Dopóty żywcem wisieć nie przestaniesz,
Aż umrzesz z głodu; jeśli prawdę mówisz,
Wolno ci będzie tak uczynić ze mną.
Teraz poznaję dwuznaczność wyrazów
Wiecznego mego wroga, który, kłamiąc
Pozorem prawdy, mówił mi zdradziecko:
„Nie bój się, póki las Birnam nie przyjdzie
Pod mury twego Dunzynanu". Otóż

Zbliża się jakiś las do Dunzynanu!
Dalej, do broni! do broni! i naprzód!
Jeśli to prawda, nie mam czego czekać,
Na nic mi zostać, na nic mi uciekać,
Zbrzydło mi słońce; rad bym, żeby cała
Budowa świata w proch się rozleciała.
Uderzcie w dzwony! Dmij, wichrze! wrzej, toni!
Skoro umierać mam, to z mieczem w dłoni.

Wychodzą.

SCENA 6

Tamże. Równina przed zamkiem.
Przy odgłosie muzyki wojennej wchodzą z chorągwiami: Malkolm, stary Siward, Makduf i Żołnierze z gałęziami w ręku.

Malkolm

Jesteśmy już dość blisko; rzućcie teraz
Precz te zielone zasłony i w całym
Blasku okażcie się tym, czym jesteście.
Ty, mój szanowny wuju, wespół z swoim
Szlachetnym synem, stoczysz wstępną bitwę,
A zacny Makduf i my też będziemy
Baczyć, co pozostanie dalej do zrobienia
Zgodnie z przyjętym planem.

Siward

Bądźcie zdrowi.
Jeśli wróg tylko czekać nam nie każe,
Czy walczyć umiem, wnet plac boju wskaże.

Makduf

Zadmijcie w trąby! zlejcie wszystkie tchnienia
W tych krwi heroldów, śmierci i zniszczenia.

Wychodzą.
Okrzyk wojenny i odgłos trąb nieustający.

SCENA 7

Tamże. Inna część równiny.
Wchodzi Makbet.

Makbet
Jestem w pułapce: nie mogę uciekać,
Jak niedźwiedź muszę psiarni stawić czoło.
Któż jest ten, co się nie rodził z kobiety?
Tego się tylko mam bać lub nikogo.
Młody Siward wchodzi.

Młody Siward
Jak się nazywasz?

Makbet
Zadrżysz, gdy usłyszysz.

Młody Siward
Nie, choćbyś gorsze nazwisko wymienił
Od wszystkich w piekle znanych.

Makbet
Makbet jestem.

Młody Siward
Makbet! Sam szatan nie mógł wyrzec nazwy
Nienawistniejszej dla mojego ucha.

Makbet
Straszniejszej chyba.

Młody Siward
Kłamiesz, podły zbóju!
Zaraz ci zadam fałsz tym mieczem.
Walczą.
Młody Siward pada.

Makbet
Tyś był z kobiety zrodzon: leż, junaku!
Igraszką dla mnie miecze i sztylety,
Póki je dzierży mąż zrodzon z kobiety.
Wychodzi.
Makduf wchodzi.

Makduf
Zgiełk był w tej stronie. Ukaż się, zbrodniarzu:

Gdybyś legł z innej dłoni, a nie z mojej,
Duch mojej żony i duchy mych dziatek
Wiecznie by za to mnie prześladowały.
Nie mogę godzić w czerń, co swoje dłonie
W najem oddała. Albo się na tobie,
Makbecie, stępi ostrze mego miecza,
Albo nietknięte powróci do pochwy.
Tam on być musi: ta donośna wrzawa
Wskazuje, że tam rzeź toczy się krwawa
Pod wodzą kogoś niepospolitego.
O losie, daj mi go znaleźć! niczego
Więcej nie żądam.

Wychodzi.
Malkolm i stary Siward wchodzą.

Siward

Tędy, milordzie; zamek już się poddał,
Ludzie tyrana walczą po dwu stronach,
Ale i tanom nie brak animuszu.
Sam dzień po twej się opowiada stronie.
Już prawie koniec.

Malkolm

Spotkaliśmy wrogów,
Co zamiast przeciw nam walczyć, walczyli
Przy boku naszym.

Siward

Wejdź, panie, do zamku.

Wychodzą.
Makbet wraca.

Makbet

Czyż mam rzymskiego głupca naśladując
Przebić się własnym mieczem? Nie! dopóki
Życie przed sobą widzę, wolę raczej
Przeszywać cudze piersi.

Makduf wraca.

Makduf

Stój, psie z piekła!

Makbet

Nie unikałem nikogo prócz ciebie:
Odstąp! krew twoich i tak mi już dosyć
Ciąży na duszy.

Makduf

Nie mam słów: mój wszystek
Głos jest w tym mieczu; okrutniku, sroższy
Nad wszelki wyraz ludzkiego języka!
Walczą.

Makbet

Próżno się trudzisz: równie byś potrafił
Przeciąć powietrze mieczem jak mnie zranić;
Zwróć więc to ostrze na tych, których ciała
Ciosy się mogą imać; moje życie
Zaczarowane: nikt zrodzon z kobiety
Nie zdoła mi go odjąć.

Makduf

Zwątp więc w czary!
Zapytaj tego anioła, któremu
Sprzedałeś duszę, toć powie, że Makduf
Przedwcześnie z łona matki był wypruty.

Makbet – śmierć z ręki tego, kogo nie urodziła kobieta (Makdufa)

Makbet

Przeklęty język, co mi to powiada!
Czuję, jak męska dzielność we mnie mięknie.
Przekleństwo owym szalbierskim potęgom,
Które nas duszą dwuznacznymi słowy!
Przynoszą złote obietnice uszom,
A odbierają je oczekiwaniom.
Nie walczę z tobą.

Makduf

Więc poddaj się, tchórzu,
I żyj, by palcem cię pokazywano.
Obraz twój, niby arcyrzadkiej bestii,
Jakie nam w budach są pokazywane,
Na drągu zatknąć każem i pod spodem
Położym napis: „Tu do zobaczenia jest
Krwiożerczy podlec!"

Makbet

Nie poddam się! nie chcę
Całować ziemi u nóg tego żaka
Malkolma ani motłochowi służyć
Za przedmiot obelg. Nie! Chociaż las Birnam
Przyszedł pod mury Dunzynanu, chociaż
Ty się z kobiety nie zrodzonym mienisz,
Dotrwam do końca. Ukryta pod tarczą

Makbet – odwaga w obliczu śmierci

Bezpieczna moja pierś; złóż się, Makdufie!
Niech potępiony będzie, kto się znuży
I pierwszy krzyknie: „Stój! Nie mogę dłużej!"

Walcząc, wychodzą. Odwrót.
Przy odgłosie trąb i kotłów wchodzą z wojskiem i chorągwiami Malkolm i stary Siward, Rosse, Lennox, Angus, Menteith i Caithness.

Malkolm
Rad bym tu widzieć tych, których nam braknie.

Siward
Ktoś musiał ubyć; ale dzień tak piękny
Tanio, jak widzę, został okupiony.

Malkolm
Makdufa braknie i waszego syna.

Rosse
Syn wasz, milordzie, wypłacił dług męstwu:
Póty żył, póki nie wyszedł na męża;
Zaledwie tego walecznością dowiódł,
Nie ustępując na krok z miejsca walki,
Padł jak bohater.

Siward
A więc zginął?

Rosse
Tak jest.
I z pola bitwy został uniesiony;
A gdyby boleść wasza wyrównała
Wartości straty, nie miałaby granic.

Siward
Gdzież on ma rany? z przodu?

Rosse
Tak, na czole.

Siward
Niechajże będzie wojownikiem Boga!
Choćbym miał tylu synów, ile włosów,
Piękniejszej dla nich nie żądałbym śmierci:
W ten sposób nucę mu hymn pogrzebowy.

Malkolm
Godzien on, żeby bardziej go żałować,
I ten żal serce moje uzupełni.

Siward

Dlaczego bardziej? powiedziano przecie,
Że dług żołnierza sumiennie wypłacił;
Bóg więc z nim! Oto przybywa pociecha.

Makduf wchodzi niosąc głowę Makbeta zatkniętą na włóczni.

Makduf

Cześć ci, o królu! bo teraz nim jesteś.
Przywłaszczyciela głowa na tej włóczni
I uciśniony kraj nasz znów jest wolny.
Widzę wokoło ciebie perły państwa,
Serca ich wtórzą memu pozdrowieniu,
Niechże i głosy ich złączą się z moim,
Wołając: „Witaj! witaj, królu Szkocji!"

Wszyscy

Witaj nam! witaj, witaj, królu Szkocji!

Odgłos trąb.

Malkolm

Nam nie potrzeba długiego namysłu
Do rozliczenia waszych zasług
I skwitowania się. Zacni tanowie
I mili bracia, bądźcie od tej pory
Hrabiami, którym to mianem zaszczytnym
Nikogo jeszcze nie nazwała Szkocja.
Co pozostaje więcej do zrobienia
I czego może stan rzeczy wymagać
Jak przywołanie na powrót do kraju
Wygnanych naszych przyjaciół, co zbiegli
Przed zasadzkami czujnego ciemięzcy,
A wyśledzenie krwawych pomocników
Tego zmarłego oprawcy i jego
Szatańskiej żony, która jak słyszałem,
Sama gwałtowną sobie śmierć zadała –
To i co jeszcze prócz tego wypadnie
Przy łasce nieba spełnić, to spełnimy
W właściwym czasie, miejscu i sposobie.
Wam, ile wydać pierś nasza sposobna,
Składamy dzięki, każdemu z osobna
I wszystkim, których na dzień wyznaczony
Na koronację wzywamy do Skony.

Odgłos trąb. Wychodzą.

KONIEC

OPRACOWANIE

BIOGRAFIA WILLIAMA SZEKSPIRA

Wybitny angielski dramaturg, **William Szekspir (Shakespeare)** urodził się w **1564** r. w położonym nad rzeką Avon mieście Stratford (Warwickshire). Ojciec przyszłego poety i dramatopisarza, John Szekspir, wywodził się z rodziny chłopskiej, jednak porzucił pracę na roli i przeniósł się do miasta, gdzie próbował poprawić swoje warunki materialno-bytowe. Początkowo zajmował się wyrobem rękawic, sprzedażą jęczmienia, drewna i innych towarów. Ponieważ był człowiekiem rzutkim i przedsiębiorczym, wiele lat ciężkiej pracy przyniosło mu awans społeczny: został radnym miejskim, potem burmistrzem, wreszcie ławnikiem i sędzią pokoju. Po okresie wzlotów przyszły też upadki i rozczarowania – Johnowi Szekspirowi zaczęło się powodzić gorzej. Jednak w tym czasie William był już uznanym dramatopisarzem i mógł wspomóc finansowo ojca, a nawet zapewnić mu zdobycie tytułu szlacheckiego.

Matka Williama, Mary, pochodziła z zamożnej rodziny szlacheckiej Ardenów. Państwo Szekspirowie mieli ośmioro dzieci: cztery córki i czterech synów. Dwie córki zmarły w dzieciństwie podczas zarazy, jedna (Anna, urodzona w roku 1571) – w wieku ośmiu lat. Najstarszy syn, którym był właśnie William, urodził się w roku 1564, młodszy, Gilbert, w 1566, dalej Ryszard i Edmund (odpowiednio w roku 1574 i 1580). Najdłużej z całego rodzeństwa żyła urodzona w roku 1569 Joanna.

Wykształcenie, jakie zdobył młody William, nie było imponujące. Swoją edukację zaczął w siódmym roku życia, a więc około roku 1571, w szkole miejskiej, będącej odpowiednikiem dzisiejszej szkoły średniej. Była to tzw. *grammar school*, czyli gimnazjum humanistyczne. Szekspir uczył się tu łaciny, historii, literatury antycznej i retoryki. Ogólny poziom nauczania w szkole był jak na ówczesne czasy niezły, aczkolwiek program nieco przestarzały (np. wymagano od uczniów podtrzymywania stanowiska o nieruchomej, tkwiącej w centrum wszechświata Ziemi i okrążających ją ciałach niebieskich). Innego wykształcenia młody William nie posiadał.

W roku 1582 ożenił się z Anną Hathaway, kobietą starszą od osiemnastoletniego wówczas Williama o osiem lat. Z ich związku narodziło się troje dzieci: Zuzanna i bliźniaki – Judyta oraz Hamnet. Pierwsze dziecko przyszło na świat już sześć miesięcy po ślubie, co biografom dramaturga każe snuć przypuszczenia, że do zawarcia małżeństwa Szekspir został po prostu zmuszony przez „wyższe okoliczności".

Okresem pełnym zagadek i niejasności są w biografii Szekspira lata 1574-1588. O tym, czym dokładnie Szekspir zajmował się w szkole i po jej ukończeniu, jakie były koleje jego losu, wiemy najmniej z całej jego biografii. Szekspirolodzy przypuszczają, że przyszły autor *Hamleta* pracował w różnych magnackich rezydencjach jako sekretarz, guwerner, a także występował jako aktor w dworskich teatrach. W ten sposób zdobywał ogładę, poszerzał wykształcenie, czytał, poznawał ludzi, zyskiwał wielu możnych protektorów. W tym czasie wyraźnie pogarszał się stan majątkowy rodziny, ojciec tracił wpływy, pieniądze, w roku 1586 pozbawiono go godności ławnika. Być może tu tkwiła praprzyczyna opuszczenia przez Williama rodzinnego miasta, być może powody były całkiem inne, na przykład niezbyt fortunne pożycie małżeńskie (fakt biseksualnych skłonności autora *Makbeta* został już dawno udowodniony i nie wymaga tym samym szerszych rozważań).

W roku 1588 Szekspir porzucił żonę i dzieci, przeniósł się do Londynu, gdzie mieszkał przez następnych dwadzieścia lat, pracując w teatrze i tylko od czasu do czasu odwiedzając najbliższych. Jednak, jak utrzymują biografowie, coraz popularniejszy w stolicy Anglii dramatopisarz dbał o rodzinę, troszczył się o jej byt, pomagał też ojcu, spłacając jego długi i pomagając w zdobyciu tytułu szlacheckiego (w roku 1596). W Londynie Szekspir prowadził intensywną działalność gospodarczą, między innymi inwestował w nieruchomości.

Dramaturgiem Szekspir został dopiero kilka lat później. Wiadomo, że w roku 1592 jeszcze współpracował przy tworzeniu trylogii dramatycznej o Henryku VI, później przyszły już samodzielne próby pisania kolejnych utworów: *Komedia omyłek*, *Dwaj panowie z Werony*, *Tytus Andronikus*, *Stracone zachody miłości*.

Pojawiły się pierwsze sukcesy, na krótko przerwane w latach 1592-1594 przez zarazę, która spowodowała zamknięcie teatrów i zmusiła poetę do opuszczenia Londynu. Napisał wtedy poematy: *Wenus i Adonis*, *Lukrecja* (*zgwałcona*), które przyniosły mu uznanie w gronie krytyków, oraz liczne sonety. Szekspir zyskał także możnego protektora – lorda Southamptona.

Kiedy w roku 1594 zaraza wygasła i życie teatralne Londynu zaczęło się odradzać, Szekspir wrócił do stolicy i związał się z zespołem o nazwie Słudzy Lorda Szambelana, dla którego napisał swe najlepsze sztuki. 26 i 27 grudnia 1594 roku dostąpił zaszczytu: wystąpił w swej sztuce przed królową Elżbietą. Była to *Komedia omyłek*. Kolejne lata przyniosły między innymi *Romea i Julię*, *Sen nocy letniej*, *Kupca weneckiego*.

W roku 1596 zmarł jedyny syn Szekspira, Hamnet. Tragedia rodzinna nie wpłynęła na zawodowe sukcesy dramaturga: w 1598 roku stał się udziałowcem nowej sceny wzniesionej przez jego zespół. Był to słynny teatr „Pod Kulą Ziemską" („The Globe"). Na tej scenie miały miejsce wielkie inscenizacje sztuk szekspirowskich: *Juliusza Cezara*, *Życia Henryka V*, *Jak wam się podoba*, *Wieczoru Trzech Króli*, *Hamleta*.

W międzyczasie nastąpiła zmiana na tronie angielskim. **Nowy król, Jakub I, który swe panowanie zaczął w roku 1603, był wielbicielem teatru.** Zespół Lorda Szambelana zdobył jego uznanie i zyskał tytuł Sług Jego Królewskiej Mości. **Wtedy powstały największe tragedie Szekspira: *Otello*, *Król Lear*, *Makbet*.** Zespół poza teatrem pod gołym niebem posiadał również pierwszą w Londynie salę teatralną, do której przenoszono przedstawienia w słotne dni. Dach gmachu teatru „The Globe" zwieńczał posąg Heraklesa dźwigającego kulę ziemską.

Szekspir zdobył sławę już za swego życia. Udziały w teatrze oraz sprawnie przeprowadzane operacje finansowe przynosiły mu pokaźne dochody. Poeta kupił w Stratfordzie posiadłość, miał też nieruchomości w Londynie. Część majątku zdobył dzięki lichwie, część dzięki licznym procesom, jakie wytaczał swym dłużnikom (istnieją źródła, które podają, że Szekspir był gotów procesować się o każdą, najmniejszą nawet kwotę). Jednak pewna bezwzględność w interesach sprawiła, że mógł wspierać finansowo matkę i żonę, wyposażyć córki.

W roku 1609 ukazał się cykl jego 154 sonetów, a w 1610 Szekspir wrócił na stałe do rodzinnego miasta. Teatry londyńskie nadal grały jego sztuki, dawne i nowe: *Antoniusza i Kleopatrę*, *Burzę*, *Zimową opowieść*.

Do dramatycznych wydarzeń doszło w Londynie już podczas nieobecności Szekspira – w 1613 roku, w trakcie przedstawienia *Król Henryk VIII*, którego był współautorem, zapalił się i doszczętnie spłonął „The Globe". Nowy gmach wzniesiono już w roku następnym (został rozebrany w 1644 r.).

23 IV 1616 roku William Szekspir zmarł w rodzinnym Stratfordzie i został pochowany w prezbiterium kolegiaty Świętej Trójcy. W testamencie, jaki pozostawił, ani słowem nie wspomniał o swoich utworach, co dało asumpt do snucia podejrzeń, że tak naprawdę nie on był ich autorem. Zwolennicy tej tezy utrzymują do dziś, że autorstwo sztuk tradycyjnie przypisywanych Szekspirowi jest błędem, a tak naprawdę wielkie tragedie, komedie i dramaty historyczne napisał filozof Francis Bacon (1561-1626) albo wybitny dramaturg Christopher Marlowe (1564-1593?), którego przedwczesną śmierć upozorowano, był on bowiem również tajnym agentem służb królewskich.

Jednoznaczne rozstrzygnięcie sporu o tożsamość Szekspira i autorstwo jego dramatów nie wydaje się możliwe ani definitywne. Brak ostatecznych dowodów potwierdzających hipotezy o autorstwie Bacona lub Marlowe'a każe przyjąć tradycyjną drogę traktowania Szekspira jako genialnego dramatopisarza, autora między innymi *Makbeta*.

KALENDARIUM ŻYCIA I TWÓRCZOŚCI

23 (?) IV 1564 – na świat przychodzi William Szekspir.
27 XI 1582 – ślub z Anną Hathaway.
3 III 1592 – przedstawienie cz. I *Króla Henryka VI*.

Twórczość okresu I, tzw. optymistyczny (1590-1599):

ok. 1592 – *Henryk VI* (kroniki historyczne w trzech częściach, powst. od 1590).
1592 (?) – *Ryszard III* (kroniki historyczne).
1593 (?) – *Komedia omyłek* (komedia).

1594 (?) – *Poskromienie złośnicy* (komedia).
1594 (?) – *Dwaj panowie z Werony* (komedia).
1594 – *Titus Andronicus* (tragedia).
1595 (?) – *Romeo i Julia* (tragedia).
1595 (?) – *Ryszard II* (kroniki historyczne).
1595 – *Stracone zachody miłości* (komedia).
1595 – *Sen nocy letniej* (komedia).
1596 – *Kupiec wenecki* (komedia).
ok. 1597 – *Henryk IV* (kroniki historyczne, dwie części).
ok. 1598 – *Król Jan* (kroniki historyczne).
1599 – *Henryk V* (kroniki historyczne).
1599 – *Jak wam się podoba* (komedia).
1599 (?) – *Juliusz Cezar* (tragedia).
1600 – *Wieczór Trzech Króli* (komedia).

W tym okresie powstały także poematy *Wenus i Adonis* (1593), *Lukrecja* (*zgwałcona*) (1594) oraz pierwsze sonety (wydane w roku 1609).

Twórczość okresu II, tzw. okres tragiczny (1600-1608):

1601 – *Hamlet* (tragedia).
1604 – *Otello* (tragedia).
1604 – *Miarka za miarkę* (komedia).
1606 – *Król Lear* (tragedia).
1606 (?) – *Makbet* (tragedia).
1607 – *Tymon Ateńczyk* (tragedia).
1607 – *Antoniusz i Kleopatra* (tragedia).
1608 – *Koriolan* (tragedia).

Twórczość okresu III, tzw. okres romantyczny (1608-1613):

1608 – *Perykles* (tragikomedia).
1610 (?) – *Cymbelin* (tragikomedia).
ok. 1609 – *Zimowa opowieść* (komedia).
1611 – *Burza* (tzw. komedia fantastyczna).
1613 – *Henryk VIII* (kronika historyczna).
23 IV 1616 – śmierć pisarza.

GENEZA UTWORU

Na *Makbeta* należy spojrzeć jako na dzieło powstałe **w oparciu o autentyczne, historycznie udokumentowane wydarzenia,** sięgające swymi korzeniami około pięćset sześćdziesiąt lat przed Szekspirem. Wtedy to bowiem, w połowie wieku XI, a dokładniej **w roku 1040, król Szkocji Dunkan został zamordowany przez swego generała Makbeta,** który w roku 1057 poległ z ręki niejakiego Malkolma, kolejnego monarchy, koronowanego jako Malkolm III.

Wiadomo też, że pisząc swą tragedię, Szekspir korzystał z *Kronik Anglii, Szkocji i Irlandii* Raphaela Holinsheda, wydanych w 1577 roku i wznowionych dziesięć lat później. Z kolei Holinshed opierał się na wcześniejszych kronikach, przerabianych i uzupełnianych na przestrzeni około dwustu lat.

Dokładna data powstania *Makbeta* nie jest możliwa do ustalenia, przyjmuje się, że miało to miejsce około 1606 roku. Świadczy o tym kilka przesłanek, których uwzględnienie stopniowo wyklucza inne hipotezy.

Po pierwsze, biografowie Szekspira wskazują, że jednym z istotniejszych bodźców do napisania dramatu była dynastyczna zmiana na tronie Anglii. W roku 1603, po śmierci Elżbiety, królem został pochodzący ze szkockiej dynastii Stuartów Jakub I, monarcha uważający się za potomka Banka, jednego z bohaterów *Makbeta* (zgodnie z przepowiednią Czarownic Banko miał być protoplastą całego, wielopokoleniowego rodu królewskiego). Włączenie do akcji utworu postaci Banka oraz przepowiedni Czarownic można traktować jako komplement pod adresem króla. Fakt ten dobitnie dowodzi, że Szekspir musiał napisać *Makbeta* po roku 1603, już za rządów Jakuba I.

Kolejne zawężenie czasu powstania tragedii związane jest ze słowami Odźwiernego, bohatera 3. sceny z aktu II. Idąc do bramy, Odźwierny marudzi pod nosem, wyrzekając między innymi na wieśniaka, *„co się powiesił z rozpaczy, że się zboże zanadto sypało"*. Według niektórych szekspirowskich komentatorów jest to aluzja do niezwykle obfitych zbiorów, istnej „klęski urodzaju", która nawiedziła Anglię w 1606 roku.

Ten sam Odźwierny, w tym samym monologu, wspomina o *„krętaczu"*, który *„co w Imię Boże popełnił występków bez liku, a jednak nie mógł wkręcić się do nieba"*. I znowu, według komentatorów, słowa te mogą odnosić się do wydarzeń z lat 1605– 1606, kiedy to ujawniono antykrólewski spisek (zwany spiskiem prochowym, gdyż celem spiskowców było wysadzenie w powietrze gmachu parlamentu wraz z królem i posłami). Tym *„krętaczem, co umiał na dwóch stołkach siadać"* byłby w tej sytuacji Henry Grant, popierający spisek prowincjonał jezuitów, który w trakcie procesu, powołując się na doktrynę dwuznaczności słów i myśli, bezustannie wykręcał się od złożenia zrozumiałych, jednoznacznych zeznań.

Z drugiej strony, od roku 1607 pojawiają się w różnych angielskich sztukach i utworach literackich aluzje do *Makbeta,* który w tym czasie musiał być już wystawiony na scenie teatru **(jako prawdopodobny czas premiery podaje się zwykle lipiec lub sierpień 1606 roku).**

Na pierwsze wydanie *Makbeta* drukiem czytelnicy musieli czekać jeszcze kilka lat po śmierci Szekspira. W roku 1623, w zbiorowym wydaniu zwanym *Pierwszym Folio,* ukazał się utwór zatytułowany *The Tragedy of Macbeth.* Podstawą druku był zapewne skreślony przez samego Szekspira rękopis lub jego kopia.

Czy możemy uznać *Makbeta* za utwór historyczny z dziejów średniowiecznej Szkocji? Raczej nie, albowiem lektura dramatu wyraźnie dowodzi, iż autor materiały źródłowe wykorzystał dość swobodnie, dostosowując je do potrzeb i wymogów formalnych sztuki dramatycznej w czasach elżbietańskich. Świadczą o tym choćby liczne anachronizmy i (pozorne) niezgodności w czasie akcji utworu.

CO JEST TEMATEM UTWORU?

Dramat Szekspira można interpretować na wielu płaszczyznach znaczeniowych. W poniższym zestawieniu zawarto najistotniejsze z nich.

Makbet jako **dramat o żądzy władzy**.	Pytania o źródła zła: grzech, zbrodnia jako wydarzenie burzące porządek świata, żądza władzy jako namiętność przywodząca ludzi do zbrodniczych czynów, niszcząca więzi rodzinne, degradująca ich życie wewnętrzne.
Makbet jako sztuka o **wewnętrznej przemianie bohatera i studium zbrodni.**	Podkreślenie psychologicznego wymiaru dzieła Szekspira. Próba dotarcia do prawdy o człowieku, który zdolny jest wewnętrznie przeobrażać się, podlegać degradacji moralnej: od wzoru uczciwości do postaci ohydnej i upadłej.
Pewniak na teście *Makbet* jako dramat ukazujący **szekspirowską wizję świata i człowieka.**	**Obraz człowieka:** ludzie podlegający wielkim, często skrajnym emocjom, którym niesłusznie wydaje się, że są panami swojego losu; zapowiadające wizję barokowego rozdarcia człowieka. Autor sugeruje jednak, że zachowując wierność zasadom etycznym i odrzucając nadmierne ambicje, można też przejść przez życie, unikając jego pułapek. **Obraz świata:** natura ujęta jako byt żywy, kreujący nastrój albo wprost oddający niepokoje człowieka.

WYJAŚNIENIE TYTUŁU UTWORU

Tytuł dramatu Szekspira *Makbet* ma dosłowne znaczenie. Wskazuje na bohatera, będącego **najważniejszą postacią tragedii – Makbeta,** szkockiego rycerza, którego ogarnęła zbrodnicza żądza władzy. Losy tytułowego bohatera, jego poczynania i wewnętrzne przemiany są najistotniejsze dla interpretacji całego utworu.

CZAS I MIEJSCE AKCJI

Pod spisem bohaterów tragedii Szekspir umieścił informację: *„Rzecz dzieje się przy końcu czwartego aktu – **w Anglii**; przez wszystkie inne – **w Szkocji**"*. Już ta wiadomość określa przestrzeń utworu, geograficznie rozciągającą się na dwa państwa. O klasycznej zasadzie jedności miejsca akcji utworu nie ma więc mowy. Jednak przytoczony powyżej tekst z didaskaliów (tekstu pobocznego, odautorskiego) warto doprecyzować o konkretne miejsca, w których rozgrywają się losy bohaterów dramatu. Są to między innymi: **wrzosowiska** znajdujące się gdzieś **w Szkocji, pole bitwy** i **obóz wojskowy pod Forres, szkockie zamki** (Makbeta – **Inverness,** królewski **Forres,** Makdufa **Fajf,** wreszcie oblegany przez wojska angielskie **Dunzynan**), różne parki, lasy i drogi, komnata w pałacu królewskim w Anglii, wreszcie tajemnicze domostwo – siedziba Czarownic.

Czas akcji ***Makbeta*** to – w największym przybliżeniu – **wiek XI.** Wtedy właśnie tron w Szkocji dzierżył bohater tytułowy tragedii Szekspira. Według *Kronik Anglii, Szkocji i Irlandii* Holinsheda są to lata 1040–1057 (w 1040 roku król Szkocji Dunkan zginął z ręki Makbeta, a w roku 1057 sam Makbet stracił życie za sprawą Malkolma – u Szekspira zabójcą króla jest Makduf). Tezę o datowaniu akcji na połowę XI stulecia potwierdzałyby słowa Lorda z szóstej sceny III aktu, wspominającego kolejną postać historyczną – panującego w latach 1004–1066 króla Anglii, Edwarda Wyznawcy, uważanego przez współczesnych za świętego. U Edwarda schronienie miał znaleźć Malkolm, syn zamordowanego Dunkana i prawowity następca tronu szkockiego.

Jeśli trzymać się kurczowo *Kronik...* Holinsheda, czas akcji dramatu Szekspira obejmuje całe panowanie Makbeta, od chwili zdobycia przezeń władzy do śmierci tyrana. Łatwo policzyć, że mielibyśmy w takim przypadku do czynienia z akcją utworu obejmującą... siedemnaście lat. Według niektórych komentatorów właśnie siedemnaście lat oddziela akt II od III. Czy tak dzieje się w rzeczywistości? Słowa Banka, otwierające scenę 1. aktu III, brzmią: *„Masz tedy berło, Kawdor, Glamis"*. ***„Masz tedy"***, a więc wydaje się, że Banko komentuje wydarzenia, które dopiero co miały miejsce. Potwierdza to bardziej prawdopodobną tezę, że **Szekspir uczynił *Kroniki...* Holinsheda jedynie punktem wyjścia, nie traktując ich jako koniecznego wyznacznika czasu akcji.** Tym bardziej, że mamy w tekście *Makbeta* szereg aluzji do wydarzeń z początku XVII wieku (dynastia Stuartów jako potomkowie Banka, spisek prochowy, urodzaj plonów).

BOHATEROWIE UTWORU

Makbet – wódz szkocki, tan Glamis i Kawdoru, odważny rycerz doceniany przez króla. Na skutek spotkania z Czarownicami budzi się w nim żądza władzy i ambicja. Z pomocą swej żony przejmuje rządy w państwie, zabijając najpierw prawowitego króla Dunkana, jego służących, a następnie wszystkich, którzy zagrażają jego panowaniu. Zaprowadza rządy strachu i terroru, a w poczuciu bezkarności utwierdza go kolejna przepowiednia Wiedźm. Ginie zabity przez Makdufa, broniąc się w zamku na Dunzynańskim Wzgórzu.

Lady Makbet – żona Makbeta, namawia go do popełnienia zbrodni królobójstwa i morderstwa sług. Z czasem ambicja i brak refleksji moralnej ustępują miejsca przerażeniu i wyrzutom sumienia. Zapomniana i odepchnięta przez męża, pogrąża się w chorobie psychicznej, prześladuje ją ciągle widok krwi. Umiera samotnie w zamku.

Banko – wódz szkocki, początkowo przyjaciel Makbeta. Wiedźmy przepowiadają mu, że zostanie ojcem królów, więc stanowi dla władcy-tyrana potencjalne zagrożenie. Sam Banko widzi w Czarownicach ucieleśnienie sił zła i nie daje się zwieść ich obietnicom, nie podejmuje żadnych działań, które przyspieszyłyby bieg wydarzeń. Ginie z ręki zbójców nasłanych przez Makbeta, jego synowi udaje się uciec z zasadzki.

Dunkan – szkocki król, uczciwy i szlachetny władca, ginie z ręki Makbeta, bo jego śmierć przybliża bohatera tragedii do objęcia tronu.

Malkolm, Donalbein – synowie króla Dunkana, którzy po śmierci ojca uchodzą ze Szkocji, boją się oskarżeń o chęć przejęcia władzy.

Makduf, Lennox, Rosse i in. – panowie szkoccy, poznając okrucieństwo Makbeta zaczynają spiskować, doprowadzają do stworzenia poza granicami Szkocji dużej opozycji politycznej, która wsparta siłami angielskimi, pokonuje tyrana.

Pewniak na teście

Trzy Czarownice – postaci fantastyczne, o niejasnym statusie ontologicznym, przepowiadają Makbetowi, że zostanie tanem Kawdoru, a potem królem. Ich słowa stanowią odbicie nieuświadomionych pragnień samego Makbeta i rozbudzają w nim negatywne strony jego charakteru, które dotychczas pozostawały pod kontrolą bohatera.

Hekate – czwarta Czarownica, kieruje postępowaniem pozostałych trzech, wydaje im polecenia.

(Więcej o bohaterach – str. 121)

Pewniak na teście

PLAN WYDARZEŃ

1. Otrzymanie przez Makbeta hrabstwa Kawdor w nagrodę za zwycięstwo nad buntownikami.
2. Pierwsza przepowiednia wiedźm.
3. Decyzja o zamordowaniu króla Dunkana.
4. Morderstwo władcy na zamku Makbeta i ucieczka prawowitych następców tronu – Malkolma i Donalbeina.
5. Rządy króla Makbeta w Szkocji.

6. Zamordowanie Banka przez nasłanych przez Makbeta zbirów.
7. Tyrańskie sprawowanie władzy i planowanie dalszych zbrodni.
8. Druga przepowiednia wiedźm i poczucie bezkarności Makbeta – morderstwo Lady Makduf.
9. Szaleństwo i śmierć Lady Makbet.
10. Śmierć Makbeta w czasie walki.

KRÓTKIE STRESZCZENIE

Akcja tragedii rozgrywa się w średniowiecznej Szkocji, tuż po zwycięstwie wojsk króla Dunkana nad rebeliantami. Makbet, jeden ze znakomitych wodzów wojsk szkockiego władcy, jadąc przez wrzosowisko wraz ze swoim przyjacielem – Bankiem, spotyka trzy wiedźmy. Przepowiadają mu, że zostanie królem, zaś Banko będzie ojcem królów.

Makbet zaczyna się zastanawiać nad zamordowaniem Dunkana. W Inverness, zamku Makbeta, Lady Makbet namawia męża, by zamordował króla. Makbet waha się: pragnie korony, ale boi się popełnić królobójstwo. Lady Makbet jest zdecydowana i przekonuje go do zbrodni. Po niedługim czasie tan Kawdoru ulega żonie, lęka się jedynie, by zbrodnia nie została wykryta.

Lady Makbet podaje strażnikom królewskim napój nasenny, a Makbet morduje Dunkana. Zbrodnia, której dokonał, przeraża go, zaczyna odczuwać wyrzuty sumienia, inaczej niż jego żona.

Rankiem Makduf odkrywa zwłoki króla. Wszyscy zastanawiają się, kto jest mordercą, Lady Makbet próbuje odwrócić podejrzenia od siebie i męża. Synowie Dunkana postanawiają opuścić Szkocję: Malkolm chce jechać do Anglii, zaś Donalbein do Irlandii. Obaj boją się o swe życie.

Makduf i Rosse próbują odkryć, kto jest mordercą: podejrzenie pada na synów króla, którzy tak szybko opuścili ojczyznę. Mieli oni wciągnąć do spisku dwóch strażników Dunkana, którzy zamordowali na ich polecenie. Niestety, od strażników nie można się niczego dowiedzieć, bo zabił ich Makbet. Bohater twierdzi, że zrobił to z gniewu, gdy usłyszał o śmierci króla. Zdaniem Rossego, królem powinien zostać Makbet. Tak się też staje. Banko podejrzewa Makbeta, więc nowy król postanawia pozbyć się podejrzliwego wodza. Wynajmuje trzech morderców, by zgładzili Banka i jego syna Fleance'a.

Zbójcy napadają na Banka na gościńcu, gdzie ginie, ale synowi udaje się uciec. W zamku królewskim odbywa się uczta, a na krześle, które zwykle zajmował Makbet, pojawia się duch Banka, widoczny jedynie dla króla. Zdenerwowany władca szybko kończy przyjęcie. Król postanawia poprosić o radę czarownice.

Wiedźmy zwracają Makbetowi uwagę na Makdufa, który wyjechał do Anglii do Malkolma. Mówią, że właśnie Makdufa powinien obawiać się najbardziej. Zaraz potem oznajmiają, że król nie zginie z ręki człowieka urodzonego przez kobietę. Symbolicznie pokazują bohaterowi jego przyszłość i śmierć. Przepowiadają też, że *„Nie tknie Makbeta żaden cios morderczy, póki Las Birnam ku Dunzynańskiemu Wzgórzu nie pójdzie walczyć przecie niemu"*. To uspokaja Makbeta. Król pyta jeszcze o potomstwo Banka. Czarownice pokazują mu ośmiu królów, za którymi postępuje Banko, niosący zwierciadło.

Tymczasem z rozkazu Makbeta zostają zabici Lady Makduf i jej mały synek. W Anglii Malkolm i Makduf rozpaczają nad losem ojczyzny, pragną śmierci tyrana. Na wieść o śmierci Lady Makduf i zburzeniu zamku Fajf Malkolm postanawia wyruszyć przeciwko Makbetowi z dziesięcioma tysiącami żołnierzy angielskich.

W zamku Dunzynan leży bardzo chora Lady Makbet. W tym czasie wojska angielskie nadciągają w okolice lasu Birnam. Tyran jednak nie poddaje się, wierzy w przepowiednię, nie boi się angielskiego wojska. Lady Makbet jest już ostatecznie udręczona swoimi wizjami. Kiedy królowa umiera, nie robi to żadnego wrażenia na jej mężu.

U stóp zamku Malkolm nakazuje każdemu z żołnierzy uciąć sobie gałąź z drzew birnamskiego lasu i nieść ją przed sobą. Ma to wprowadzić szpiegów w błąd co do faktycznej liczebności wojska.

Wartownik przynosi Makbetowi dziwną wieść: kiedy obserwował okolicę, wydało mu się, że las Birnam idzie ku zamkowemu wzgórzu. Makbet wie już, że musi umrzeć, ale chce zginąć w walce, z mieczem w dłoni.

Pod zamkiem Makbet spotyka się w pojedynku z Makdufem. Walczy odważnie aż do chwili, w której przeciwnik informuje go, że matka nie urodziła go w sposób naturalny. Wtedy Makbet rozumie, że nie może zwyciężyć. Makduf zwycięża króla i przynosi jego głowę, zatkniętą na włóczni, Malkolmowi. Teraz on jest nowym władcą Szkocji.

STRESZCZENIE SZCZEGÓŁOWE

Akt I, scena 1

Akcja utworu rozgrywa się w XI wieku w Szkocji, podczas wojny między wojskami szkockimi a norweskimi. Na otwartym polu rozmawiają ze sobą trzy Czarownice. Mówią o nadchodzącym końcu bitwy i o zbliżającym się ich spotkaniu z Makbetem.

Akt I, scena 2

Do obozu wojskowego Szkotów, gdzie przebywa król Dunkan, jego synowie oraz panowie szkoccy, dociera z pola bitwy ranny Żołnierz. Z jego słów Dunkan dowiaduje się, że Norwegom w czasie bitwy pomagali panowie szkoccy, którzy zdradzili swój kraj i przeszli na stronę wroga. Był między nimi zdrajca Makdonwald, którego zabił tan (namiestnik hrabstwa) Glamis, czyli Makbet. Do obozu wraca z pola walki Rosse, od którego król dowiaduje się, że dzielny Makbet wziął do niewoli tana Kawdoru, przechylając tym samym szalę zwycięstwa na stronę Szkotów. Walka jest skończona, zadowolony Dunkan wydaje rozkaz zgładzenia tana Kawdoru i ofiaruje jego tytuł oraz posiadłości Makbetowi.

Akt I, scena 3

Odznaczywszy się w bitwie z Norwegami Makbet, ambitny szkocki szlachcic, tan Glamis i kuzyn króla, powraca z pola walki do zamku Dunkana. Towarzyszy mu jego przyjaciel Banko, który jest – podobnie jak Makbet – jednym z dowódców wojsk szkockich. Po drodze, na wrzosowiskach spotykają trzy Czarownice, które wypowiadają niezrozumiałe przepowiednie dotyczące przyszłości (jednak z ich wypowiedzi wynika, że za cel stawiają sobie szerzenie chaosu, zamętu i zła): zwracając się do Makbeta, tytułują go tanem Glamis (którym jest) i tanem Kawdoru (którym przecież nie jest) oraz przyszłym królem (którym nie jest tym bardziej). Banka Czarownice nazywają równie tajemniczo, bo ojcem królów, założycielem dynastii. Makbet jest zdziwiony – przecież tan Kawdoru żyje! Szybko jednak zagadka się wyjaśnia. Banko jest ostrożny i nieufny, sugeruje złe zamiary Czarownic i ich podstępność, nawet jeżeli jakaś część przepowiedni miałaby się spełnić, ale Makbet się z nim nie zgadza, jest zaintrygowany i zaczyna obsesyjnie myśleć o przepowiedniach, gdyż z jednej strony one go przerażają, ale z drugiej poruszają ukrytą w nim żądzę władzy. Czarownice znikają, a tymczasem pojawiają się posłańcy – Rosse i Angus – z wiadomością, że oto w dowód uznania za zasługi na polu walki król Dunkan mianował Makbeta, w miejsce skazanego na śmierć zdrajcy, tanem Kawdoru. Tym samym spełniła się pierwsza część przepowiedni wiedźm. Od tego momentu Makbet nie może zapomnieć o drugiej części przepowiedni – przecież został nazwany królem.

Pewniak na teście

Pewniak na teście

Akt I, scena 4

Komnata w pałacu królewskim Forres. Król Dunkan pragnie zaszczycić Makbeta wizytą, ma zamiar nocować w jego zamku. Makbet zaczyna podejrzewać, że Czarownice skłamały – Dunkan żyje, a co gorsza właśnie oświadczył, że koronę po nim przejmie jego najstarszy syn – Malkolm.

Akt I, scena 5

Akcja przenosi się do zamku Makbeta – Inverness. Makbet uprzedza listownie żonę o przybyciu dostojnego gościa, informując ją jednocześnie o przepowiedni. Lady Makbet czyta list od męża, domyśla się, że ogarnęła go żądza władzy, a jej zadaniem będzie podsycenie determinacji Makbeta w dążeniu do celu, jakim musi być zgładzenie panującego króla. Do komnaty wchodzi Makbet, zaczyna rozmawiać z żoną. Okazuje się, że Lady Makbet jest kobietą nie tylko okrutną i bezwzględną, ale że również doskonale zna słabe strony psychiki męża, potrafi zagrać zarówno na jego chorej ambicji, jak i na męskiej próżności.

Akt I, scena 6

Przed zamkiem Makbeta pojawia się król Dunkan wraz z synami – Malkolmem i Donalbeinem oraz całą świtą. Monarchę wita Lady Makbet.

Akt I, scena 7

Makbet ma wątpliwości, czy należy zabijać króla, ale ulega argumentom żony, która wizytę Dunkana w Inverness uważa za szczęśliwe zrządzenie i dar losu. Lady Makbet zdaje się być mocniejszą osobowością od męża, to ona namawia tana Glamis do zbrodni, to dzięki niej w końcu zapada decyzja o królobójstwie. Wspólnie ustalają, że zabicie Dunkana, śpiącego po wystawnej uczcie, będzie zadaniem Makbeta, wcześniej zaś jego żona napoi winem królewskich strażników, by nie przeszkadzali

Pewniak na teście

w realizacji krwawego zamiaru. Po zabójstwie Makbet będzie mógł pomazać krwią zamordowanego śpiących strażników, stwarzając tym samym pozory, że to oni dokonali mordu w napadzie pijackiego szału.

Pewniak na teście

Akt II, scena 1

Zapada noc. Na dziedzińcu zamkowym Makbet spotyka Banka z synem, Fleancem. Dowiaduje się od przyjaciela, że król położył się już do snu. Przez chwilę Makbet jest sam. Przed jego oczyma pojawia się zakrwawiony sztylet, zwrócony w jego stronę rękojeścią. To tylko przywidzenie, wytwór umysłu opętanego wizją zbrodni i żądzą władzy. Opanowawszy się nieco, Makbet rusza do komnaty śpiącego Dunkana, by pozbawić go życia.

Akt II, scena 2

Na dziedzińcu pojawia się Lady Makbet. Czeka na męża, który wraca z królewskiej komnaty z wieścią, że zbrodnia została popełniona. Zabił Dunkana nożami uśpionych strażników, ale – zdjęty strachem w wyniku tajemniczego głosu wołającego *„«Nie zaśniesz już więcej!»/ Makbet zabija sen, niewinny sen"* – przyniósł narzędzia zbrodni na dziedziniec. Lady Makbet zabiera mężowi sztylety i odnosi je z powrotem, mażąc śpiących strażników krwią zamordowanego króla.

Akt II, scena 3

Rano, gdy do zamku przybywają Makduf z Lennoxem (wpuszczeni w obręb murów przez zrzędliwego Odźwiernego), wybucha wieść o zbrodni. Makbet, niby w szale gniewu, zabija oskarżonych o królobójstwo strażników, nie pozwalając im się usprawiedliwić i likwidując tym samym jedynych świadków nocnych wydarzeń. Teraz nikt nie może wskazać prawdziwego winowajcy. Wszyscy opłakują dobrego króla Dunkana, jednocześnie rozchodzą się plotki o antykrólewskim spisku. Zagrożeni śmiercią synowie monarchy, Malkolm i Donalbein, postanawiają uciec ze Szkocji. Pierwszy wyjeżdża do Anglii, drugi do Irlandii. Obaj w ten sposób ratują swe zagrożone życie, odkładając zemstę na sposobniejszą chwilę.

Akt II, scena 4

Makduf rozmawia z Rossem, swoim kuzynem, informując go o plotkach na temat antykrólewskiego spisku, na którego czele mieliby stać zbiegli synowie zabitego monarchy. Z rozmowy szkockich dostojników wynika także, że nowym monarchą Szkocji obwołano właśnie Makbeta, krewnego Dunkana i człowieka zasłużonego w obronie kraju. Makduf nie jedzie do Skony na koronację, wraca do swego zamku w Fajf, wykazując tym samym dziwną wstrzemięźliwość wobec tryumfu Makbeta.

Wydaje się, że dla Makbeta obrót spraw jest nadzwyczaj korzystny, druga część przepowiedni Czarownic spełniła się: otrzymał koronę po zabitym królu, brak jakichkolwiek świadków zbrodni, królewscy synowie uciekli z kraju.

Akt III, scena 1

Mija jakiś czas pod rządami Makbeta. Pierwsza zbrodnia popycha królobójcę do następnych. Przy życiu pozostaje Banko, przyjaciel Makbeta i świadek spotkania z Czarownicami. Ma on ponadto syna – Fleance'a, który w myśl przepowiedni zostanie kiedyś królem. Banko podejrzewa Makbeta, że zdobył koronę za pomocą jakiegoś oszustwa, a może nawet zbrodni. Makbet nie ma wyjścia, musi wydać rozkaz zamordowania Banka. Wynajmuje płatnych Zbójców.

Akt III, scena 2

Makbet rozmawia z żoną o swoich rozterkach i wątpliwościach, być może także o spóźnionych wyrzutach sumienia. W nocy nie może spać, pojawiają się dręczące, koszmarne sny. Lady Makbet przypomina mężowi, że wieczorem w zamku ma się odbyć uczta, na którą zaproszono wielu dostojników. Makbet obiecuje, że będzie rad wszystkim zebranym na uczcie gościom.

Akt III, scena 3

Przed zamkiem dochodzi do ataku Zbójców na Banka i Fleance'a. Ginie dawny przyjaciel Makbeta, Fleance'owi udaje się jednak uciec.

Akt III, scena 4

Na zamku trwa uczta. Gdy jeden ze Zbójców przynosi Makbetowi wiadomość o połowicznym jedynie wykonaniu zadania, okazuje się, że dręczony obawami i wyrzutami sumienia władca powoli zaczyna popadać w obłęd. Strach przed utratą władzy i świadomość okropności czynów, jakich się dopuścił, sprawiają, że Makbet zaczyna mieć przywidzenia. W czasie uczty nękają go koszmary, przybierające postać zakrwawionego ducha Banka zasiadającego na jego miejscu.

Akt III, scena 5

Czarownice spotykają się z Hekate, która nakazuje im dalej kierować losami Makbeta. Uważa, że aby stać się w pełni złym, Makbet musi w pełni uwierzyć, że kontroluje własny los, dać się pokonać własnej pysze.

Akt III, scena 6

W niezbyt ściśle określonym miejscu w Szkocji Lennox rozmawia z Lordem o krwawych rządach Makbeta. Okazuje się, że do Anglii, gdzie schronił się Malkolm, udał się Makduf, by pozyskać angielskiego monarchę (króla Edwarda) dla spisku, mającego na celu uwolnienie Szkocji od tyrana, jakim stał się podejrzewający wszystkich dookoła Makbet.

Akt IV, scena 1

W zamieszkiwanym przez Czarownice domostwie w Forres pojawia się Makbet, pragnący poznać swoją przyszłość. Wizje, jakie wywołują wiedźmy, uspokajają króla. Najpierw pojawia się głowa w hełmie – to ostrzeżenie przed Makdufem. Drugą zjawą jest skrwawione dziecko, symbolizujące, że żaden z tych, *„których rodziła kobieta"*, nie ma wystarczającej mocy, by go zabić. Trzecia zjawa – dziecko w koronie z drzewkiem w dłoni – oznacza, że Makbet swą koronę utrzyma tak długo, dopóki las Birnam nie podejdzie pod jego zamek na wzgórzu Dunzynan. Makbet pyta również o potomków Banka. Wtedy przed jego oczyma pojawia się ośmiu królów, z których ostatni trzyma w dłoni zwierciadło. To zapowiedź następnej dynastii. Pewniak na teście

Przybywa Lennox z wiadomością o ucieczce Makdufa do Anglii. Makbet postanawia najechać jego zamek w Fajf i wymordować rodzinę uciekiniera.

Akt IV, scena 2

Na zamek Makdufa w Fajf napadają nasłani przez Makbeta Zbójcy. Zabijają Lady Makduf i jej synka.

Akt IV, scena 3

Akcja przenosi się do Anglii, gdzie Makduf rozmawia z Malkolmem, synem zabitego króla Dunkana, o terrorze, jaki w Szkocji zaprowadził obłąkany Makbet. Wietrząc wszędzie spiski i zdradę, napełnił kraj szpiegami i płatnymi mordercami. Wszyscy poddani go nienawidzą, nikt nie może być pewny swego życia, a o zbrodni dokonanej na Dunkanie zaczyna się mówić coraz głośniej. W pewnym momencie przybywa Rosse z nowymi wieściami z kraju, między innymi mówi Makdufowi o śmierci jego żony i dzieci.

Kres rządów tyrana zdaje się być bliski, tym bardziej, że angielski monarcha zgodził się na wysłanie do Szkocji dzielnego generała Siwarda na czele dziesięciu tysięcy żołnierzy. Zbuntowani przeciw Makbetowi Szkoci tylko czekają na okazję obalenia królobójcy.

Akt V, scena 1

Akcja z powrotem przenosi się do siedziby Makbeta, zamku Dunzynan. Lekarz, wraz z jedną z dam dworu, obserwuje Lady Makbet. Nie ulega wątpliwości, że królowa popadła w obłęd. Błądzi nocami po zamku, godzinami usiłuje zmyć z rąk plamy krwi (które są przywidzeniem), wyraźnie dręczą ją wizje popełnionych zbrodni.

Akt V, scena 2

Na wieść o przekroczeniu granic Szkocji przez angielskie wojska dowodzone przez Siwarda – hrabiego Northumberlandu i towarzyszących mu Malkolma z Makdufem, prawie nikt nie zostaje przy Makbecie. Przeciw tyranowi ruszają między innymi Menteith, Caithness, Angus i Lennox.

Akt V, scena 3

Wojna jest nieunikniona. W Dunzynan do walki szykuje się Makbet, spokojny o swój los dzięki przepowiedniom Czarownic o lesie Birnam i gwarancji, iż nikt zrodzony z kobiety nie może pozbawić go życia. Lekarz przynosi królowi informację o obłędzie jego żony.

Akt V, scena 4

Pewniak na teście

Rozpoczyna się oblężenie zamku Makbeta. Malkolm rozkazuje każdemu ze swoich żołnierzy, by uciął po jednej gałęzi z lasu Birnam i pod tą osłoną ruszył do ostatecznego szturmu na królobójcę. To pozwoli jego armii na zatajenie swojej liczebności i zmylenie wojsk Makbeta.

Akt V, scena 5

Pewniak na teście

Dunzynan. Oblężonemu w swej warowni Makbetowi Sejton przynosi wiadomość o śmierci żony, która zmarła w obłędzie. Po chwili zjawia się Żołnierz z dziwną informacją – las Birnam ruszył w kierunku zamku. Zrozpaczony sprawdzaniem się wróżb Makbet szykuje się do ostatniej walki.

Akt V, scena 6

Do Dunzynan zbliżają się na czele armii Malkolm, Siward i Makduf. Wszyscy zdają sobie sprawę, że już za chwilę dojdzie do ostatecznej rozprawy.

Akt V, scena 7

Makbet zostaje na placu boju prawie całkowicie osamotniony: jego żołnierze albo zginęli, albo uciekli od oszalałego tyrana i przeszli na stronę przeciwnika. Ostatnie pojedynki rozstrzygają losy walki. Makbetowi udaje się zabić Młodego Siwarda, syna hrabiego Northumberlandu.

Akt V, scena 8

Do walki z tyranem staje Makduf. Gdy Makbet oznajmia mu, że nie może zostać zabity przez nikogo, kto został zrodzony z kobiety, wszystko się wyjaśnia. Makduf *„przedwcześnie z łona matki był wypruty"*, czyli przyszedł na świat w sposób nienaturalny, dzięki pomocy medyków i zabiegu chirurgicznego. Makbet wie, że nadeszła jego ostatnia chwila, walczy jednak do końca, gdyż chce zginąć w walce, z honorem. Wreszcie ginie. Pewniak na teście

Akt V, scena 9

Na zdobytym zamku gromadzą się zwycięzcy. Wkracza Makduf z odciętą głową Makbeta. Po śmierci tyrana królem Szkocji zostaje obwołany prawowity dziedzic tronu – syn Dunkana, Malkolm.

CHARAKTERYSTYKA GŁÓWNYCH BOHATERÓW

MAKBET

Pewniak na teście

To jeden z dowódców wojsk szkockich, pełen ambicji tan Glamis, później tan Kawdoru, królobójca i wreszcie król Szkocji. Niewątpliwie Makbet jest dzielnym wojownikiem, którego rycerskie przymioty podkreśla Szekspir już na samym początku utworu, opisując także zaszczyty, jakie spadły na tana Glamis w związku z zasługami dla kraju i korony. Słabością bohatera okazuje się być jego **nienasycona ambicja.** Makbet **pragnie najwyższych dostojeństw** i tę jego cechę z powodzeniem wykorzystują, pragnące go zgubić, Czarownice. Od razu po wysłuchaniu przepowiedni Makbet poczuł, jak w głębi jego duszy obudziło się pragnienie zdobycia korony, nawet kosztem królobójstwa: *„... proroctwo* (...) */ Nasuwa myśli, od których strasznego/ Obrazu włos mi się jeży"* (str. 15). Rozpoczyna się **wewnętrzna walka dobra ze złem:** *„Jeżeli los chce, abym był królem,/ Niech mię bez przyczynienia się mojego/Ukoronuje"* (str. 15).

Na razie zwycięża dobro i honor rycerski, ale sprawa zaprząta już umysł Makbeta. Jeszcze zapewnia Dunkana, że pragnie jedynie służyć koronie, ale równocześnie cierpi po usłyszeniu wiadomości, iż król podjął decyzję o przekazaniu władzy synowi, Malkolmowi.

Żona doskonale zna pragnienia i rozterki Makbeta, a także prawość, dlatego zdecydowanie podsyca ambicję i nakierowuje jego myśli na konkretne plany dokonania zbrodni. Nowo mianowany tan Kawdoru waha się, **szarpią nim wątpliwości natury moralnej i etycznej,** walczy z nieokiełznaną żądzą władzy. Makbet **ma pełną świadomość tego, co się w nim dzieje** i do jakich czynów zamierza się posunąć. Wie, że jako krewny i wasal powinien zapewnić Dunkanowi bezpieczeństwo, rozumie, że zabijając króla gwałci odwieczne prawo gościnności, docenia zalety starego władcy i zdaje sobie sprawę z nakazów honorowego kodeksu rycerskiego. Jednak wie także o ambicji rozsadzającej mu duszę i pchającej do działania sprzecznego z zasadami: *„Jeden,* Pewniak na teście *wyłącznie jeden tylko bodziec/ Podżega we mnie tę pokusę, to jest/ Ambicja, która przeskakując siebie,/ Spada po drugiej stronie"* (str. 24).

Makbet zdaje sobie także sprawę z konieczności poniesienia konsekwencji własnych czynów i **marzy, by ten mord mógł być ostatni:** *„Gdyby ten straszny cios mógł przeciąć wszelkie / Dalsze następstwa, gdyby ten czyn mógł być/ Sam w sobie wszystkim i końcem wszystkiego"* (str. 23–24). Makbet **jest idealistą,** który, choć żyje w świecie pełnym morderstw i gwałtu, potrafi jednocześnie **marzyć o rzeczywistości bez przemocy.** Dokonuje wyboru między sobą, który wzdraga się przed zbrodnią, a sobą, który ją popełnia, ale wciąż pragnie pozostać tym pierwszym; marzy, iż jego okropny czyn będzie ostatni i zapoczątkuje drogę ku odkupieniu. To jest źródło jego późniejszej udręki.

W podjęciu ostatecznej decyzji pomogła Makbetowi żona, wspierając jego męstwo, okrucieństwo, bezwzględność i pragnienie władzy. Przeszkodami były sumienie i wyobraźnia, która podsuwała mu wizje krwawego sztyletu, zwróconego doń rękojeścią, a także przekonanie, że już nigdy nie zaśnie, nie zazna spokoju (tajemniczy głos wołający: *„Nie zaśniesz już więcej!"* i *„Nie zaśniesz, nie zaśniesz już więcej!/ Glamis sen zabił, dlatego też Kawdor/ Nie zaśnie; Makbet nigdy już nie zaśnie"* (str. 32, 33). To ważny moment w utworze. Sen symbolizuje, między innymi, odpoczynek umysłu, uspokojenie. Po dokonanym morderstwie Makbet **nigdy już nie będzie spokojny,** wyrzuty sumienia nie pozwolą mu zasnąć.

Pewniak na teście

Trzeba jednak mocno podkreślić, że wyboru drogi do zdobycia korony Makbet dokonał samodzielnie. Nie można wodza i rycerza traktować jak bezwolną kukłę manipulowaną przez wiedźmy i żonę. Czynniki zewnętrzne wpłynęły na niego, owszem, ale ostateczną decyzję podjął sam i to on sam, własnoręcznie zabił Dunkana. Lady Makbet była wspólniczką i pomocnicą, co prawda aktywną w swoich poczynaniach, ale „tylko" wspólniczką. Gdy przerażony swym czynem Makbet zapomniał położyć zakrwawione sztylety przy królewskich strażnikach, zrobiła to jego żona. Pocieszała go i wspierała, zagłuszała wyrzuty sumienia, ale odpowiedzialność za królobójstwo ponosi Makbet. Bohater zdaje sobie z tego sprawę i zaraz po dokonaniu czynu żałuje, że się to stało: *„Zbudź tym kołataniem/ Dunkana! Obyś mógł tego dokonać"* (str. 34).

Czytającego tragedię Szekspira zdumiewać może zdolność Makbeta do przybrania maski, do **obłudy** i **fałszu,** jakimi wykazuje się po zabójstwie. Zręcznie udaje oburzenie, będące pretekstem do zabicia królewskich strażników, ubolewa, iż w jego domu zdarzyła się ta straszna zbrodnia.

Pewniak na teście

O ciemnych głębiach duszy Makbeta wiele mówi kolejna zbrodnia, jakiej się dopuścił, i jej motywy. Przez nikogo już nie namawiany, kryjąc swe zamiary nawet przed żoną, planuje zabicie Banka i jego syna. Udaje przed Bankiem przyjaźń, by wypytać go o plany podróży i nasyła na niego Zbójców. To znak strasznej przemiany, jaka dokonała się w Makbecie – prawy rycerz stał się skrytobójcą i obłudnikiem, król – tyranem. Motywy zbrodni też są dla Makbeta jasne: musi usunąć osoby, które – według przepowiedni – zagrażają dziedziczeniu korony przez jego potomków: *„Ten Banko jest mi groźny: ma on w sobie/ Coś królewskiego (...) Dla rodu Banka, dla jego korzyści/ Zamordowałem zacnego Dunkana; Spokojność sobie zatrułem jedynie/ Dla rodu Banka i wieczny mój klejnot/ Wspólnemu ludzi nieprzyjacielowi/ Na łup oddałem po to tylko,* *żeby/ Ukoronować ród, nasienie Banka!"* (str. 47, 48). Cytat ten dowodzi pełnej świadomości swych czynów u Makbeta oraz prawidłowej oceny ich ohydy, ale jednocześnie świadczy o **strachu tyrana przed utratą tego, co zyskał** z takim trudem, za cenę spokoju i narażenia duszy na udręki sumienia.

Swoistym paroksyzmem wyrzutów sumienia jest scena uczty, w czasie której Makbetowi ukazuje się duch Banka, zasiadający przy stole na miejscu przeznaczonym dla króla. Potem porywów serca, przejawów sumienia, czystych uczuć jest w nim coraz mniej. Duszę Makbeta opanowują **fałsz, podejrzliwość oraz strach.** Władca jest przekonany, że raz zacząwszy popełniać zbrodnie, musi mordować dalej, bez końca: *„Jużem tak głęboko/ W krwi zagrzązł, że wstecz iść niepodobieństwo"* (str. 62).

Rządy Makbeta stają się coraz krwawsze. Król odsuwa się od żony, oplata kraj siecią szpiegów, morduje poddanych za cień podejrzenia. Posuwa się nawet do zabicia dzieci i żony Makdufa, który szczęśliwie zbiegł do Anglii, aby szukać tam pomocy w obaleniu tyrana. Zabójstwo niewinnej kobiety i bezbronnego małego dziecka świadczy o sięgnięciu przez Makbeta dna upodlenia, upadku i utraty godności. Nie poruszają go już kolejne morderstwa i rzezie, pozostaje na nie obojętny. Teraz pozostaje mu tylko bać się utraty władzy, myśl o karze za grzechy może się okazać zbyt przerażająca. Pewniak na teście

Opieranie swego postępowania na przepowiedniach Czarownic świadczy o stopniu paranoi, w jaką popadł bohater. W kontaktach z otaczającym go, rzeczywistym światem, jest nieczuły, o czym najlepiej świadczy jego stosunek do chorej i umierającej żony. Z drugiej strony, mimo obłędu, świadomość Makbeta pozostaje do końca na swój sposób trzeźwa, tyran zaczyna dostrzegać brutalność życia i bezduszny mechanizm historii, w którego tryby został wciągnięty. Przeżył doświadczenie walki o władzę do końca, sięgnął dna owładnięty ambicją i namiętną żądzą panowania. Teraz ma już dość życia, zrozumiał, że nie miało ono sensu, **pragnie jedynie umrzeć jak żołnierz** – z bronią w ręku. To ostatni gest, na jaki stać Makbeta w czasie, gdy świat rycerski, w którym żył dotąd, zawalił się, zresztą z jego własnej winy. Już się nie boi: *„Dawno już smaku trwogi zapomniałem* (...) *Przeładowałem się okropnościami:/ Spoufalone z zgrozą zmysły moje/ Stępiały na wpływy wrażeń"* (str. 99).

Ciekawe, że Makbet nie popełnia samobójstwa, ale można to tłumaczyć jego dumą i przeświadczeniem o konieczności pozostania konsekwentnym do końca. Śmierć z własnej ręki byłaby przyznaniem się do klęski, zanegowaniem dotychczasowych wyborów.

Makbet przez swoją rozbudzoną świadomość, sumienie, refleksje filozoficzne nad życiem staje się **postacią tragiczną.** Nie jest to pospolity zbrodniarz, ale osoba, która wybrała udział w nieustannie działającym mechanizmie walki o władzę. Jego **błąd polegał na tym, że liczył na możliwość zatrzymania się na drodze zbrodni,** gdy tymczasem zdarzenia wymknęły się spod jego kontroli, bo przecież zgodnie z regułami tej gry kat musiał stać się ofiarą, by nowy władca wstąpił na tę samą ścieżkę i rozpoczął od nowa bieg historii, która powtarza wciąż ten sam schemat.

Makbet jest w gruncie rzeczy człowiekiem prawym, który – powodowany żądzą władzy – stał się okrutnym mordercą. To nie usprawiedliwia w żaden sposób jego postępowania, ale doskonale pokazuje, do czego może posunąć się człowiek przerażony własnym życiem i czynami, do których popchnęły go czynniki zewnętrzne (sprzyjające okoliczności, przepowiednie) i wewnętrzne (ambicja, żądza władzy).

Pewniak na teście

LADY MAKBET

Gdy dowiaduje się, że Czarownice przepowiedziały jej mężowi królewską koronę, przyjmuje to za pewnik, do którego należy dążyć za wszelką cenę. Warto przy tym zauważyć, iż Lady Makbet **doskonale zna swego męża,** wie, że jego natura będzie się wzdragała przed dokonaniem królobójstwa: *„twoja natura/ Zaprawna mlekiem dobroci"* (str. 19). Zna też jego ambicję, dumę i pragnienie władzy. Zręcznie manipuluje ambicjami męża przeciw jego sumieniu, umie „grać" na jego słabościach. Nie waha się ani chwili, nie ma wątpliwości moralnych ani najmniejszych skrupułów. Podsyca w sobie okrucieństwo, stanowczość i bezwzględność, by skłonić Makbeta do morderstwa. Kocha go i sądzi, iż w ten sposób okazuje miłość. Wykorzystuje też uczucie męża, by osiągnąć cel. Nie waha się nawet oskarżyć go o tchórzostwo. Wyzbywa się nawet atrybutów kobiecości, wypiera się rozkoszy macierzyństwa, by pokazać, iż wyżej ceni zdobycie korony przez męża. Docenia to Makbet, gdy z podziwem mówi: *„Rodź mi samych chłopców/ Bo męstwa twego nieugięty kruszec/ Nic niewieściego od dziś dnia nie spłodzi"* (str. 26).

Pewniak na teście

Ponieważ Lady Makbet niewiele mówi o swych wewnętrznych przeżyciach, nie wiemy, ile w tej postawie jest pozy, udawania, mających na celu pobudzenie aktywności Makbeta, a ile jej prawdziwej natury. Faktem jest, iż nie ma ona bogatego życia wewnętrznego, a przede wszystkim nie ma zasad moralnych. Jest powierzchowna, lekkomyślna, liczą się dla niej cechy zewnętrzne, władza, bogactwo, nie zaś zalety ducha. Makbet-król jest dla niej więcej wart niż kochanek, mąż. Zupełnie nie zastanawia się nad konsekwencjami zbrodniczych działań, troszczy się tylko, by nie zostały one odkryte. Precyzyjnie, na zimno planuje zbrodnię, a także kończy to, czego nie zrobił przerażony Makbet, wkładając w ręce śpiących strażników skrwawione sztylety i mażąc ich krwią zamordowanego monarchy. Wyznaje, że sama by dokonała zabójstwa, gdyby Dunkan nie był tak podobny do jej ojca: *„... Gdyby był we śnie nie tyle podobny/ Do mego ojca, byłabym się była/ Niechybnie sama na to odważyła"* (str. 30). Świadczy to o jej powierzchowności i braku zasad. Uspokaja męża słowami: *„Nie zastanawiaj się nad tym tak pilnie"* (str. 32) lub: *„Nie trzeba sobie takich rzeczy w takim/ Świetle wystawiać; inaczej by przyszło/ Oszaleć"* (str. 32).

Pewniak na teście

Ostatni cytat brzmi ironicznie w zestawieniu z obłędem, w jaki popadła Lady Makbet w ostatnim akcie. Jest to oczywiście ironia tragiczna. Skrupuły moralne i lęki Makbeta, niezdolnego do powrotu na miejsce zbrodni, by położyć sztylety przy ciałach strażników, kwituje pogardliwym określeniem: *„Kaleka na duchu"* (str. 33). Na obawy męża, że wody wszystkich oceanów nie zmyją krwi z ich rąk, odpowiada lekkomyślnie: *„Kilka kropel wody/ Oczyści nas wnet z plamy tego czynu"* (str. 34).

Pewniak na teście

W akcie V Lady Makbet błądzi nocami po zamku i wciąż bezskutecznie myje splamione krwią ręce. Na tym polega tragiczna ironia utworu. Fakty obracają się przeciw bohaterom wbrew wcześniejszym planom i zamierzeniom. W ten sposób ujawnia się absurdalność dziejów i ludzkiego losu.

W następnych zbrodniach Makbeta żona nie bierze już udziału. Mąż celowo odsuwa ją od nich. Wyzwala się w ten sposób spod wpływu żony, ale nie przestaje być tyranem. Lady Makbet cierpi z tego powodu, nadal chce mu pomagać, wspierać. Po mistrzowsku tuszuje podejrzane zachowanie króla tracącego zmysły podczas uczty i rozmawiającego z duchem Banka. Jednak **małżonkowie coraz mniej się rozumieją** i oddalają się od siebie. Żona **nie pojmuje duchowych cierpień Makbeta,** on dostrzega jej bezmyślność i powierzchowność. Po zamordowaniu Banka Lady Makbet już nie występuje w dramacie, choruje i nie uczestniczy w tyrańskich rządach męża.

To, czego nie umiała przeżywać świadomie, wydobyło się z podświadomości i zaatakowało umysł w czasie snu, a więc w momencie, gdy była bezbronna, gdy nie potrafiła chłodną, racjonalną kalkulacją wytłumaczyć popełnionych zbrodni. Tłumione wyrzuty sumienia przybrały postać chorobliwych majaków. Okrutnie i wbrew naturze zagłuszone w niej uczucia wyższe oraz wartości – kobiecość, wrażliwość, czułość – wydobyły się z duszy w formach patologicznych. Lady Makbet poniosła straszliwą karę za swe winy podżegania do zbrodni. Szaleństwo jej jest wyrazem podświadomego przyznania się do popełnionej zbrodni, sprzecznej z jej kobiecą naturą. Wszędzie widzi krew, nie może z niej obmyć rąk, czuje jej zapach: *„Ciągle ten zapach krwi! Wszystkie wonie Arabii nie odejmą tego zapachu z tej małej ręki."* (str. 91). Wkrótce umiera, popełniając samobójstwo w obłędzie.

Pewniak na teście

Pewniak na teście

Lady Makbet nie jest potworem. Kochała męża, pragnęła dla niego zaszczytów, gotowa była zrobić wszystko, by osiągnął on to, o czym skrycie marzył. Zrobiła zbyt wiele: zabiła w sobie duszę i uczucia, poświęciła je ambicjom męża. Straciła jego miłość, utraciła spokój duszy i zdrowie. Zapłaciła straszliwą cenę za swe winy. Była lekkomyślna i pozbawiona zasad moralnych. Nie pojmowała też praw natury. Nie umiała także świadomie oceniać swych działań. Kierowała się emocjami i zachciankami. Oceniła ją jej własna podświadomość, wywołując chorobę psychiczną.

CHARAKTERYSTYKA POZOSTAŁYCH POSTACI

Dunkan – jest **królem Szkocji,** człowiekiem szanowanym przez poddanych, **wzorem moralnym.** W taki sposób charakteryzuje go sam Makbet, wiedząc, że nic nie usprawiedliwi jego zbrodniczego czynu. Dunkan stanowi idealne wyobrażenie władcy, zgodne ze średniowiecznym światopoglądem. Król mający władzę z nadania boskiego, godnie i sprawiedliwie sprawuje swą funkcję, służąc swą wiedzą poddanym. Jako senior swych rycerzy docenia ich poświęcenie, czego przykładem jest mianowanie Makbeta tanem Kawdoru w dowód zasług w walce z rebeliantami.

Pewniak na teście

Naturalnymi następcami Dunkana mieli być jego synowie – Malkolm i Donalbein, więc sprytny Makbet zrobił wszystko, aby podejrzenia o morderstwo króla padło na nich. Dzięki ucieczce książąt tan Glamis i Kawdoru dochodzi bez przeszkód do władzy.

Banko – podobnie jak Makbet **jest szkockim wodzem, przyjacielem głównego bohatera.** On także dostaje od trzech Czarownic kuszącą zapowiedź przyszłości: ma zostać ojcem królów. Jednak w pojawiających się na wrzosowisku Wiedźmach dostrzega szatańską pułapkę – „narzędzia piekieł" i przestrzega Makbeta przed zbytnią wiarą w słowa widmowych postaci. Z czasem widzi w dziejących się zbrodniach rękę przyjaciela i sam musi zginąć, bo zbyt wiele o nim wie. Jako Duch pojawia się Makbetowi w czasie uczty, przypominając mu o popełnionym złu i wywołując strach i wyrzuty sumienia.

PROBLEMATYKA UTWORU

Pewniak na teście

MAKBET – TRAGEDIA O WEWNĘTRZNEJ PRZEMIANIE CZŁOWIEKA

Ważne wydarzenie w dziejach głównego bohatera	Przemiany wewnętrzne, jakim podlega Makbet
1. Otrzymanie przez Makbeta hrabstwa Kawdor w nagrodę za zwycięstwo nad buntownikami.	Moralnie czysty Makbet postępuje w zgodzie z kodeksem rycerskim Średniowiecza. Ufa władcy i szanuje go, widząc w jego władzy uobecnienie boskiego porządku.
2. Pierwsza przepowiednia wiedźm.	Czarownice budzą w Makbecie żądzę władzy, chorą ambicję. Bohater, zdradzając swe myśli żonie, znajduje w niej sprzymierzeńca.
3. Decyzja o zamordowaniu króla Dunkana.	Lady Makbet, umiejąc manipulować uczuciami małżonka, namawia go do morderstwa niewinnego Dunkana. Makbet widzi w swym postępowaniu przyspieszenie wyroków losu, bo wiedźmy tytułowały go przyszłym królem. Pełen wahań, wewnętrznych rozterek bohater poddaje się namowom Lady Makbet i wchodzi na drogę zbrodni.
4. Morderstwo władcy na zamku Makbeta i ucieczka prawowitych następców tronu – Malkolma i Donalbeina.	Makbet odczuwa wyrzuty sumienia i wstręt do zła. Zbrodnia początkowo budzi w nim grozę i lęk, a następnie determinację do dalszych planów. Rozpoczyna się proces moralnego upadku bohatera, kończy się etap czystości moralnej.

Pewniak na teście

5. Rządy króla Makbeta w Szkocji.	Makbet już bez udziału swej żony sprawuje tyrańskie rządy w Szkocji. Posługuje się szpiegami, przemocą, więżąc ewentualnych przeciwników politycznych. Część z nich spiskuje za granicą. Makbet, przekraczając granicę pomiędzy dobrem i złem, pogrąża się w zbrodniach.
6. Zamordowanie Banka.	Makbet, chcąc pozbyć się ewentualnego zagrożenia dla swej władzy, zleca morderstwo Banka i jego syna (temu udaje się zbiec). Potem całkowicie traci spokój wewnętrzny, odczuwa wyrzuty sumienia, co ukazuje zachowanie w czasie uczty, kiedy objawia się widmo przyjaciela.
7. Tyrańskie sprawowanie władzy i planowanie dalszych zbrodni.	Makbet zdaje sobie sprawę z nieodwracalności podjętych czynów i swego upadku moralnego.
8. Druga przepowiednia wiedźm i poczucie bezkarności Makbeta – morderstwo Lady Makduf i jej synka.	Dla uspokojenia emocji i nabrania większej pewności siebie Makbet udaje się do wiedźm. Trzy obietnice, jakie otrzymuje, sprawiają, że czuje się całkowicie bezkarny (miał się strzec Makdufa, zabić miał go ktoś niezrodzony z niewiasty, nic mu nie groziło do chwili, gdy Las Birnamski nie podejdzie do zamku); bez wewnętrznych rozterek Makbet pozbywa się ewentualnych wrogów: jego siepacze zabijają żonę i dziecko śmiertelnego wroga politycznego – Makdufa.
9. Szaleństwo i śmierć Lady Makbet.	Lady Makbet – samotna, gnębiona wyrzutami sumienia – wpada w chorobę psychiczną. Makbet, nieczuły na jej cierpienia i wreszcie śmierć, zdaje się tego nie zauważać.
10. Śmierć Makbeta w czasie walki.	Makbet w czasie oblężenia zamku analizuje własne emocje, formułuje zasady rządzące tragicznym bytem człowieka. W obliczu śmierci okazuje odwagę, obserwuje własną porażkę i dojrzewa do świadomości przegranej.

MOTYW WALKI O WŁADZĘ

Pewniak na teście

Już w pisanych przed rokiem 1606 kronikach historycznych oraz tragediach (między innymi *Ryszard III*, *Henryk IV* i *Hamlet*) Szekspir dawał wyraz swym przekonaniom na temat historii. Dzieje były według autora *Króla Leara* przesuwaniem się po scenie świata kolejnych postaci władców oraz podwładnych. **Symbolem władzy** jest **korona** i właściwie **nie ma innego sposobu na jej zdobycie, jak przelanie czyjejś krwi.** Stąd w dramatach Szekspira tak wielu bohaterów posuwa się do zbrodni. **Istotą tak rozumianej historii nie jest linearny bieg czasu, lecz cykliczny – historia toczy się tu**

kołem i wciąż wraca do tego samego punktu: zabicie władcy jest sposobem zdobycia tronu, wkracza się w ten sposób na drogę znaczoną zdradą, okrucieństwem, skrytobójstwem. W końcu kat sam staje się ofiarą, zostaje zabity i kolejny władca wstępuje na tę samą drogę. Wynikiem takiej historiozofii (filozofii dziejów) jest uczynienie przez Szekspira naczelnymi motywami kolejnych utworów, w tym także *Makbeta*, krwi (symbolu zbrodni, królobójstwa) oraz korony (symbolu władzy).

Zbrodnia jest gwałtem uczynionym naturze i jej prawom, z czego zdaje sobie sprawę Makbet, mówiąc: *„Na całym teraz półobszarze świata/ Natura staje się martwa i straszne/ Marzenia szarpią snu cichą zasłonę"* (str. 30). W świecie istnieje jednak równowaga – każdy krwawy czyn obróci się w końcu przeciw grzesznikowi. Pozostaje tylko kwestia ceny, kosztów, jakie zapłacą wszyscy wplątani w machinę śmierci ludzie.

Gdy po wielu wewnętrznych rozterkach Makbet decyduje się na zabicie króla, jest jednocześnie przekonany, że na jednym morderstwie uda mu się poprzestać. Nie bierze jednak pod uwagę, że zabijając Dunkana, uruchomił o wiele potężniejszą od siebie samego machinę śmierci. Królobójstwo wplątuje go w niekończący się łańcuch kolejnych morderstw, jakie musi teraz popełniać, aby prawda o pierwszej zbrodni nie ujrzała światła dziennego. Najpierw muszą zginąć strażnicy Dunkana, którzy mogliby zacząć tłumaczyć się z zaniedbania swych obowiązków pilnowania króla Szkocji i tym samym skierować podejrzenia na prawdziwego zabójcę. Po nich przychodzi kolej na Banka, przyjaciela Makbeta, który miał to nieszczęście, że był świadkiem przepowiedni Czarownic. Banko zaczyna podejrzewać, że za koroną Makbeta kryją się jakieś nieczyste sztuczki i tym samym podpisuje na siebie wyrok. Jego los jest przesądzony, tym bardziej, że zgodnie ze słowami wiedźm ma w dziejach wyznaczoną rolę tego, który zapoczątkuje dynastię następców na tronie Szkocji. Znowu ludzka krew zostaje przelana.

Pewniak na teście

Rządy Makbeta to czasy straszliwego terroru. Władca-tyran otacza się szpiegami i konfidentami, żaden z obywateli nie może być pewny swoich dni. Wśród wielu niewymienionych z imienia ofiar Makbeta są te najbardziej bezbronne – kobiety i dzieci. Jest wśród nich Lady Makduf, żona szkockiego dostojnika, który zbiegł do Anglii, by tam szukać pomocy w pozbyciu się tyrana. Razem z Lady Makduf ginie jej synek, a właściwie dzieci (w utworze opisana jest scena śmierci jednego dziecka, ale przebywającemu w Anglii Makdufowi donoszą o śmierci jego dzieci).

Zbrodnia musi jednak zostać ukarana. W końcu wybuchnie pochłaniająca nowe ofiary wojna, machina śmierci toczyć się będzie do momentu, aż królobójca nie zostanie zabity. Ostatnie chwile Makbeta ukazują, jak daleko posunął się rozpad osobowości mordercy:

> *„Życie jest tylko przechodnim półcieniem,*
> *Nędznym aktorem, który swoją rolę*
> *Przez parę godzin wygrawszy na scenie*
> *W nicość przepada – powieścią idioty,*
> *Głośną, wrzaskliwą, a nic nie znaczącą"* (str. 100).

Śmierć nie ominie także Lady Makbet, współwinnej wszystkich zbrodni. Ta bezwzględna i okrutna kobieta popadnie w obłęd i w stanie obłąkania zakończy swoje życie, gdyż, jak stwierdzi obserwujący ją Lekarz: *„Czyny przeciwne naturze / Rodzą przeciwny naturze niepokój"* (str. 92).

GATUNEK UTWORU

TEATR ELŻBIETAŃSKI

Klasyfikacja twórczości Williama Szekspira w oparciu o sztywne ramy chronologiczne nie wydaje się być dostatecznie uzasadniona ani nie przynosi klucza do zrozumienia jego dramatów. Można uznać, że najważniejsze utwory angielskiego dramatopisarza przypadały na zmierzch Renesansu, można też udowadniać, iż był to początek Baroku. Spór wydaje się być raczej jałowy, tym bardziej, że o wiele sensowniejsze jest spojrzenie na twórczość autora *Makbeta* przez pryzmat przemian w kulturowym i duchowym życiu Anglii przełomu XVI i XVII stulecia. O ile do momentu odkrycia Ameryki przez Kolumba przewodziły w europejskiej sztuce Włochy, o tyle po 1492 roku ośrodki życia gospodarczego i kulturalnego przesunęły się nad Atlantyk, do krajów bezpośrednio uczestniczących w wymianie z Nowym Światem – do Hiszpanii i Portugalii, a po klęsce hiszpańskiej Wielkiej Armady – do Anglii.

Za panowania, rządzącej w latach 1558–1603, królowej Elżbiety I Anglia stała się światowym mocarstwem. Uczestniczyła w podboju kolonii, zagarniała wielkie bogactwa w postaci ziem, surowców, złota, klejnotów. Angielscy kupcy i korsarze powiększali kapitały, dzięki którym rozwijała się gospodarka kraju, nie krępowana (jak miało to miejsce w Hiszpanii) skostniałymi formami feudalnymi. W Anglii szlachta szybko przestawiła się na nowe formy gospodarowania i bardziej niż przywileje urodzenia zaczynała sobie cenić pełną kiesę. Bogate stało się też mieszczaństwo. Londyn, stolicę Anglii, zamieszkiwało ponad sto tysięcy ludzi.

Nowa klasa średnia pragnęła rozrywek, na które mogła sobie pozwolić, tym bardziej, że wysoki poziom szkół miejskich podsycał pragnienia uczestniczenia w życiu kulturalnym. **Taka sytuacja sprzyjała rozwojowi teatru, który szybko stał się ulubioną rozrywką warstw średnich i wyższych.** W drugiej połowie XVI wieku powstało wiele zespołów dworskich i wędrownych trup teatralnych, zaspokajających te estetyczne potrzeby.

Po raz pierwszy w historii były to zespoły zawodowych artystów: muzyków, aktorów z przedsiębiorcą teatralnym na czele, z bogatym protektorem, sprawującym nad nim opiekę. Teatr stał się instytucją publiczną, opłacalną w dodatku, gdyż widzowie płacili za bilety. Nierzadko grywano w nim przedstawienia zaspokajające niezbyt wyrafinowane gusta, uprawiano sztukę masową, z czasem repertuar teatrów stawał się jednak coraz ambitniejszy. Warto pamiętać, iż początkowo nie było specjalnych budynków teatralnych. Zespoły występowały na czworokątnym dziedzińcu zajazdu, na prowizorycznym podwyższeniu, widzowie zaś gromadzili się na galeriach lub na podwórzu. Spektakle rozpoczynały się po południu, widownię stanowili ludzie niezbyt bogaci.

Z czasem, z myślą o wyższych warstwach społecznych, zaczęto wznosić specjalne budowle teatralne na wzór otoczonego galerią dziedzińca zajazdu. Były one okrągłe lub ośmioboczne. Dachem pokryte były tylko dwupiętrowe galerie dla widzów bogatszych, kupujących droższe bilety. Na dziedzińcu pod gołym niebem gromadzili się ubożsi widzowie, śledzący spektakl na stojąco.

Za umowną datę narodzin teatru elżbietańskiego przyjmuje się rok 1576, wtedy to bowiem przedsiębiorca **James Burbage wybudował pod Londynem** (a więc poza zasięgiem władz miejskich) **pierwszy gmach przeznaczony wyłącznie do prezentacji widowisk teatralnych. Nazwał go „The Theatre"** (teatr) i rozpoczął wystawianie pierwszych sztuk. Wkrótce pojawiły się dwa kolejne teatry – „Kurtyna" oraz „Róża" – a po nich przyszły następne. Jak mogły wyglądać grywane w nich przedstawienia?

Pewniak na teście

Początkowo aktorzy grali w świetle dnia, później – już w zadaszonych teatrach – także późnym wieczorem przy blasku świec. Sceną było podwyższenie, otoczone z trzech stron przez widzów i nie odgrodzone od nich rampą. Powodowało to, iż aktorzy często zwracali się do publiczności bezpośrednio, nawiązywali z nią bliski kontakt. Dekoracji było niewiele, nierzadko zastępował je napis, głoszący, że akcja toczy się na przykład w lesie albo w komnacie zamkowej. Brak dekoracji rekompensowały bogate stroje aktorów. Czwarty bok sceny zamykały drzwi do garderoby, przez które wchodzili aktorzy. Nad nimi budowano niewielki ganek, galerię (były one miejscem rozgrywania scen balkonowych), wsparte na słupach. Pomiędzy słupami zawieszano kotarę. Dzieliła ona scenę na proscenium i niewielką scenę wewnętrzną (rozgrywano na niej sytuacje we wnętrzach). Kurtyny nie było. Przedstawieniom towarzyszyła muzyka. Światło dzienne uniemożliwiało wykorzystanie efektów świetlnych. Najważniejszymi elementami widowiska były: gra aktorska i tekst dramatu. Aktorzy byli zawodowcami, dbali o wymowę, każdym gestem i ruchem starali się uzyskać wrażenie prawdopodobieństwa. Ważny był też kostium, rekwizyty, którymi się posługiwali, by stworzyć iluzję przedstawianej rzeczywistości. Był to teatr gwiazdorski. Dobrzy aktorzy cieszyli się zasłużoną sławą, byli szanowanymi, zamożnymi ludźmi. W teatrze tym nie występowały kobiety, role kobiece grali młodzi, urodziwi mężczyźni.

Ważnym członkiem zespołu był dramaturg, dostarczający scenariuszy spektakli. W owym czasie było ich około dwustu, konkurencję miał więc Szekspir wcale pokaźną. Teksty na ogół nie były ogłaszane drukiem, stanowiły własność zespołu, który je grał. Często je zmieniano, modyfikowano i przerabiano, w zależności od potrzeb i możliwości teatru, miejsca wystawiania (np. podczas objazdu) lub liczebności zespołu. Scenariusz musiał uwzględniać gusta publiczności, która preferowała zabawne komedie, wstrząsające i wyciskające łzy tragedie oraz kroniki ilustrujące wydarzenia z historii ojczystej. Przedstawienia musiały wzruszać, bawić, budzić grozę, obfitować w niezwykłe, sensacyjne wydarzenia. Powinny być tajemnicze, zawikłane, krwawe. Postacie bohaterów, grane przez ulubionych aktorów, także musiały być interesujące: miały ostrzegać, służyć przykładem, podbudowywać.

W czasach królowej Elżbiety I tworzyli między innymi: Thomas Kyd (1557?-1595), Christopher Marlowe (1564-1593), rówieśnik Szekspira, ale znacznie wcześniej od niego debiutujący; następnie Thomas Dekker (1570?-1641?), Ben Jonson (1573?-1637), Francis Beaumont (1584?-1616) i John Fletcher (1579–1625). Dwaj ostatni stanowili jedną z modnych w owym czasie spółek autorskich, mogącą pochwalić się dorobkiem liczonym w dziesiątki dramatów. Rozkwit teatru angielskiego przypadł na panowanie Elżbiety I i jej następcy Jakuba I, zmierzch – na rządy niechętnych tej dziedzinie sztuki purytanów i rewolucję, czyli niemal dokładnie połowę wieku XVII.

MAKBET JAKO DRAMAT SZEKSPIROWSKI

Pewniak na teście

O Szekspirze mówi się jako o wielkim reformatorze teatru i buntowniku przeciw klasycznym zasadom dramatycznym. Pamiętać należy, iż w XVI i XVII wieku w Europie większość autorów ściśle trzymała się reguł sformułowanych przez Arystotelesa w *Poetyce*. Inaczej Szekspir, który szczególną sławę zdobył zwłaszcza w dobie Romantyzmu, kiedy uznano, że jego twórczość zapoczątkowała nowoczesny teatr europejski. **Szekspir w swoich dramatach stworzył własną, oryginalną odmianę gatunku,** do której odwoływała się cała rzesza autorów w następnych epokach historyczno-literackich. **Od nazwiska autora *Makbeta* przyjęto uprawiany przez niego gatunek literacki określać mianem dramatu szekspirowskiego.** Najbardziej typowymi cechami dramatu szekspirowskiego są te, które świadczą **o zerwaniu z wszystkimi „kanonicznymi" zasadami klasycznego dramatu antycznego.**

1. Zerwanie z antyczną zasadą trzech jedności (czasu, miejsca i akcji), uważaną za kanon dramatu klasycznego. W antyku akcja dramatu musiała zamknąć się maksymalnie w 24 godzinach (choć przeważnie trwała mniej więcej od świtu do zmierzchu), wszystkie przedstawione w utworze zdarzenia rozgrywały się w jednym miejscu, a ponadto akcja była jednowątkowa. W Szekspirowskim *Makbecie* dzieje się zupełnie inaczej: akcję poszczególnych aktów oddziela czasem kilka tygodni lub nawet lat (na przykład niezbyt precyzyjnie określona przerwa między aktem II a III, określana przez niektórych badaczy aż na siedemnaście lat, przez innych „zaledwie" na kilka tygodni). Oprócz tego wydarzenia rozgrywają się w wielu miejscach (na przykład na szkockich wrzosowiskach, w komnatach kilku szkockich zamków, w parku przed zamkiem, na polach walki). O zerwaniu z klasyczną zasadą jedności akcji świadczą pojawiające się w tekście epizody niemające bezpośredniego wpływu na rozwój akcji (np. „relacje" Czarownic o ich złych uczynkach albo monolog Odźwiernego).

Pewniak na teście

2. Brak chóru, którego zadaniem w dramacie antycznym było komentowanie przebiegu akcji, objaśnianie poczynań bohaterów i pomaganie widzowi we właściwej interpretacji utworu. Konsekwencją rezygnowania przez Szekspira z chóru jest wieloznaczność poszczególnych bohaterów, którzy zaistniałe wydarzenia komentują w swoich, nierzadko stosunkowo długich, monologach. Tym samym autor nie narzuca czytelnikowi interpretacji utworu przez czynnik obiektywny, jakim jest chór, dając mu wolną rękę w wyciąganiu wniosków z przebiegu akcji. Brak chóru oznacza wreszcie zdynamizowanie przebiegu wydarzeń.

Pewniak na teście

3. Zerwanie z zasadą decorum (stosowności), która w dramacie antycznym nakazywała, by tragedia pisana była stylem wysokim, komedia zaś średnim lub niskim. Szekspir wprowadza do słownictwa bohaterów wyrazy potoczne, nierzadko też wulgarne (doskonałym przykładem jest rozmowa Odźwiernego z Makdufem o konsekwencjach nadmiernego spożycia alkoholu). Kolejnym następstwem funkcjonowania w antyku zasady *decorum* było nieukazywanie na scenie śmierci bohaterów. U Szekspira śmierć bohaterów ukazana jest wprost, na oczach publiczności (w ten „jawny" sposób ginie Banko, synek Makdufa, Młody Siward czy wreszcie sam Makbet). Takie

Pewniak na teście

epatowanie okrucieństwem można uznać za cechę teatru elżbietańskiego, zaspokajającego gusty również mało wybrednej części widzów, płacących jednak za bilety i wymagających stosownych do swoich oczekiwań wrażeń.

4. **Zerwanie z zasadą jedności estetyk,** która nakładała na autora dramatu wymóg utrzymania całego utworu w jednej konwencji. Nie wolno było, w obrębie danego utworu, przeplatać scen tragicznych z komicznymi, gdyż mogło to doprowadzić do zakłócenia percepcji sztuki. Wymóg jednej estetyki uzasadniany był w przypadku tragedii koniecznością wywołania u widzów uczuć litości i trwogi, prowadzących do wstrząsu uczuciowego, oczyszczenia, tzw. *katharsis*. Tragizm wynikał z upadku szlachetnego bohatera, który znalazł się w sytuacji wymagającej wyboru między jednym a drugim katastrofalnym zakończeniem, a którego poczynania budziły u odbiorców utworu litość i trwogę. Celu wywołania wstrząsu uczuciowego nie mają sztuki Szekspira, w których sceny tragiczne przeplatają się ze scenami komicznymi, o czym świadczy najlepiej wspomniany już epizod z Odźwiernym, zawierający mało poważne wypowiedzi na temat zgubnych skutków nadużywania alkoholu.

Pewniak na teście

5. **Sceny zbiorowe,** czyli wprowadzenie na scenę tłumu. O ile dramat antyczny dopuszczał jednoczesną obecność na scenie tylko trzech aktorów prowadzących rozmowę (w wyjątkowych okolicznościach na scenie mogła się pojawiać czwarta osoba, tzw. postać niema, a więc nie zabierająca głosu), o tyle **w dramatach Szekspira mamy nierzadko do czynienia ze scenami zbiorowymi.** Przykładem takiej sytuacji są sceny batalistyczne (bitewne) oraz ostatnia scena, w której Malkolm zostaje obwołany nowym królem Szkocji.

Pewniak na teście

6. **Wprowadzenie na scenę postaci o niejasnym statusie ontologicznym, czyli „nie wiadomo skąd"** (z zaświatów? z pogranicza dwóch światów?). Są to wszelkiego rodzaju czarownice, wiedźmy, duchy, zjawy i upiory. Świadczy to o złamaniu kolejnej antycznej zasady, polegającej na ukazywaniu świata przedstawionego utworu w jednej tylko, realistycznej konwencji. Wynikała ona z naczelnej dla Antyku kategorii estetycznej, jaką była *mimesis* (odzwierciedlanie, czyli obrazowanie rzeczywistości przez dzieło sztuki – utwór literacki, rzeźbę bądź malowidło). Konsekwencją pojawienia się w tragediach Szekspira różnych zjaw i czarownic jest inna od tradycyjnej (psychologicznej lub społecznej) motywacja postępowania bohaterów. W przypadku Makbeta możemy mówić o tak zwanej motywacji metafizycznej, bowiem prezentowane losy tego bohatera mają także pozarozumowe, fantastyczne uzasadnienie (przepowiednie Czarownic, widmo noża, duch Banka albo zjawy niemowląt i pochód królów – potomków Banka). O ile więc w tragedii antycznej o losach bohaterów decydowali bogowie i przeznaczenie, skazujące ich na zgubę, sam zaś bohater wybierał tylko sposób i formę zagłady (im szlachetniejszą, tym godniejszą podziwu i bardziej budzącą litość i trwogę), o tyle u Szekspira kara za zbrodnie jest wynikiem świadomych, choć rozmaicie uzasadnionych, wyborów bohaterów. Nie ulega wątpliwości, że obecność wiedźm i przywidzenia Makbeta czynią z krwawej historii rządów tego tyrana prawdziwe arcydzieło literackie oraz doskonale umotywowane psychologicznie studium zbrodni.

Pewniak na teście

7. Pogłębienie psychologicznych wizerunków bohaterów. Bohaterowie tragedii antycznych byli silnie stypizowani, jeżeli w ich działaniu następował jakiś przełom, stanowił on ścisłe następstwo reguły kompozycyjnej. Tymczasem u Szekspira bohaterami są ludzie wewnętrznie skomplikowani, motywowani różnymi czynnikami, a przez to wymykający się jednoznacznej ocenie. Tak właśnie dzieje się w przypadku bohatera tytułowego, Makbeta, który znajduje się w stanie wewnętrznego rozdarcia między żądzą władzy a obawami wynikającymi ze świadomości, iż jedyną drogą zdobycia korony jest popełnienie zbrodni. Podobnie Lady Makbet, która popycha męża do zbrodni, zdaje się być osobą silną psychicznie, ale w pewnym momencie nie wytrzymuje napięcia, załamuje się i popada w obłęd.

BUDOWA UTWORU

Makbet jest tragedią, utworem złożonym w oryginalnym, pierwszym wydaniu z roku 1623, z 2106 wersów, podzielonych współcześnie na **29 scen, tworzących V aktów.**

Tę bogatą w wydarzenia historię, rozgrywającą się w wielu miejscach i w ciągu niezbyt dokładnie określonego czasu, Szekspir ukazał poprzez wybór zdarzeń najistotniejszych, najbardziej dramatycznych, wreszcie najważniejszych dla zilustrowania wewnętrznej walki toczącej się w duszy Makbeta. Przeniósł w ten sposób uwagę odbiorcy z zewnętrznego układu sensacyjnych wydarzeń na dramat psychologiczny, wewnętrzny. Rozbudował także obraz świata przedstawionego o wiele wątków pobocznych, czyli:

- wątek Lady Makbet,
- wątek Banka i jego następców,
- wątek synów Dunkana, czyli Malkolma i Donalbeina,
- wątek Makdufa.

Utwór został wzbogacony przez wprowadzenie świata nadprzyrodzonego w osobach czarownic i bogini Hekate. Pogłębiono refleksje filozoficzne na temat natury i historii. Przedstawiona rzeczywistość została otoczona przejmującym nastrojem, posępnym i tragicznym, uzyskanym przez zastosowanie metafor zaczerpniętych z symbolicznych motywów natury (noc, wrzosowiska, burza, błyskawice, grzmoty, głosy puszczyków itp.).

Budowa *Makbeta* przedstawia się następująco:

Akt I	Miejsce akcji	Czas akcji	Zdarzenia
scena 1	otwarte pola Szkocji	dzień	rozmowa trzech Czarownic
scena 2	obóz wojskowy	ten sam dzień	Dunkan słucha o czynach Makbeta
scena 3	wrzosowiska Szkocji	ten sam dzień	Czarownice przepowiadają Makbetowi przyszłość
scena 4	komnata w pałacu Forres (Szkocja)	ten sam dzień	Dunkan ogłasza Malkolma następcą tronu
scena 5	komnata w zamku Inverness (Szkocja)	ten sam dzień	Lady Makbet czyta list od męża
scena 6	przed zamkiem Inverness	wieczór	Dunkan przybywa do Inverness
scena 7	komnata w zamku Inverness	wieczór i noc	Makbet rozmawia z żoną o zabiciu króla

Sceny 1. i 2. to wprowadzenie w akcję (ekspozycja): scena 1. z Czarownicami jest zapowiedzią, iż zdarzy się coś niezwykłego, scena 2., przynosząca opis bitwy, zawiera charakterystykę Makbeta jako dzielnego, nieustraszonego wojownika. Z kolei w scenie 3. zawiązuje się konflikt dramatyczny: walka dobrych i złych skłonności w umyśle bohatera. Potęgują się one w scenach następnych i kolejnych zdarzeniach: spełnienie pierwszej części przepowiedni Czarownic, zapowiedź wizyty Duncana w Inverness oraz naciski Lady Makbet na męża, by dokonał zbrodni.

Akt II	Miejsce akcji	Czas akcji	Zdarzenia
scena 1	dziedziniec w zamku Inverness	ta sama noc po północy	rozmowa Makbeta z Bankiem (wizja sztyletu)
scena 2	dziedziniec w zamku Inverness	późna noc i świt	Makbet zabija Dunkana
scena 3	dziedziniec w zamku Inverness	świt	przybywają Lennox i Makduf, odkrycie zwłok króla. Makbet zabija strażników
scena 4	przed zamkiem Inverness	dzień	Rosse i Makduf komentują zdarzenia minionej nocy

Akt II zawiera informacje o pierwszej zbrodni Makbeta – zamordowaniu króla – i stanowi zamkniętą całość kompozycyjną. W scenach 1. i 2. Makbet i jego żona opowiadają o przebiegu zabójstwa. Scena 3. z komicznym monologiem Odźwiernego stanowi kontrastowy przerywnik, rozładowuje napięcie i wydłuża czas wydarzeń, które w drugiej części sceny porażają zebranych w zamku wieścią o śmierci króla i zabiciu strażników przez Makbeta. Scena 4. zawiera informacje o ucieczce synów Dunkana i o koronacji Makbeta (według niektórych komentatorów między aktem II a III mamy aż 17 lat przerwy, jednak hipoteza ta nie znajduje żadnego potwierdzenia w tekście).

Akt III	Miejsce akcji	Czas akcji	Zdarzenia
scena 1	komnata w pałacu Forres	dzień przed południem	po rozmowie z Bankiem Makbet każe mordercom zabić przyjaciela
scena 2	inna komnata w pałacu Forres	ten sam dzień po południu	Makbet rozmawia z żoną o wieczornej uczcie
scena 3	park i droga przed pałacem Forres	wieczór	mordercy zabijają Banka, Fleance ucieka
scena 4	wielka komnata w pałacu Forres	noc od wieczora do świtu	uczta, w czasie której Makbetowi zjawia się duch Banka
scena 5	gdzieś na wrzosowiskach	noc	Czarownice rozmawiają z Hekate o Makbecie
scena 6	gdzieś w Szkocji	następny dzień po uczcie	Lennox w rozmowie z Lordem demaskuje zbrodnie Makbeta

Akt III także stanowi kompozycyjną całość poświęconą sprawie zabójstwa Banka. W scenie 1. Makbet żegna się z Bankiem i zaprasza go na wieczorną ucztę, a następnie układa się z mordercami mającymi go zabić. W scenie 2. rozmawia z żoną o tym, że kto raz wszedł na drogę zbrodni, jest zmuszony popełniać je nadal. Scena 3. jest prezentacją śmierci Banka oraz ucieczki jego syna. Scena 4. to opis uczty u króla, w czasie której Makbetowi ukazuje się duch Banka (nikt inny go nie widzi). Sceny 5. i 6. zawierają w skrócie opis początków panowania Makbeta.

Akt IV	Miejsce akcji	Czas akcji	Zdarzenia
scena 1	siedziba Czarownic w domostwie w Forres	ten sam dzień	kolejne przepowiednie dotyczące losów Makbeta
scena 2	komnata zamku Makdufa w Fajf (Szkocja)	kilka dni później	Mordercy na oczach Lady Makduf zabijają jej synka, biegną też za nią
scena 3	komnata pałacu królewskiego w Anglii	kilka dni później	Malkolm rozmawia z Makdufem o potrzebie obalenia Makbeta, Rosse informuje Makdufa o śmierci jego żony i dzieci

W akcie IV ukazane są w skrócie napiętnowane terrorem rządy Makbeta. W scenie 1. Makbet kolejny raz odwiedza Czarownice i uzyskuje od nich nowe przepowiednie dotyczące swojej przyszłości. Konsekwencją tego jest zamordowanie rodziny Makdufa (scena 2) oraz zbieranie się opozycjonistów w Anglii, gromadzenie wojsk przeciw tyranowi (scena 3) (między aktem IV a V jest kilka dni, może tygodni, przerwy).

Akt V	Miejsce akcji	Czas akcji	Zdarzenia
scena 1	komnata w zamku Dunzynan (Szkocja)	noc	Lekarz obserwuje wraz z Damą obłąkaną Lady Makbet
scena 2	pole w pobliżu Dunzynan	następny dzień	zbierają się wojska przeciwników Makbeta (Angus, Lennox i inni)
scena 3	komnata w zamku Dunzynan	dzień, przed bitwą	Makbet szykuje się do walki
scena 4	okolice zamku Dunzynan	dzień, przed bitwą	Malkolm rozkazuje, aby każdy z żołnierzy uciął gałąź z lasu birnamskiego
scena 5	wewnątrz zamku Dunzynan	dzień, początek walk	umiera Lady Makbet, Żołnierz przynosi Makbetowi wieść, że *„las ruszył”*
scena 6	równina przed zamkiem Dunzynan	dzień, początek walk	Malkolm z Makdufem idą na czele wojsk na zamek
scena 7	inna część tej samej równiny	dzień, w czasie bitwy	rozgorzała bitwa, Makbet zabija Młodego Siwarda
scena 8	inna część równiny, pola walki	dzień, w czasie bitwy	Makduf zabija Makbeta
scena 9	zamek Dunzynan	dzień, po bitwie	Makduf wnosi uciętą głowę Makbeta, Malkolm zostaje królem Szkocji

Akt ostatni znowu stanowi zwartą całość i ukazane zostają ostateczne konsekwencje zbrodni popełnionych przez parę bohaterów: obłęd Lady Makbet (scena 1), atak wojsk Malkolma na Dunzynan i przygotowania Makbeta do wojny (sceny 2–4), zbliżanie się lasu birnamskiego i śmierć królowej (scena 5), opis krwawych zmagań (sceny 6–7), śmierć Makbeta z ręki Makdufa (scena 8) oraz objęcie tronu przez Malkolma (scena 9).

CYTATY, KTÓRE MOGĄ SIĘ PRZYDAĆ

Akt I, scena 2 – słowa króla Dunkana, otwierające właściwą akcję utworu, wprowadzają słowo-klucz tragedii, czyli „krew", użyte w całym tekście ponad dwustukrotnie:

„Cóż to za człowiek krwią zbroczony?" (str. 6).

Akt I, scena 3 – słowa Makbeta świadczące o rozpoczynającej się w jego duszy walce dobra ze złem:

„Jeżeli los chce, abym był królem,
Niech mię bez przyczynienia się mojego
Ukoronuje" (str. 15).

Akt I, scena 7 – Makbet, który zdał sobie sprawę z konieczności poniesienia konsekwencji zamordowania króla, pragnie, by ta zbrodnia mogła być ostatnią:

„Gdyby ten straszny cios mógł przeciąć wszelkie
Dalsze następstwa, gdyby ten czyn mógł być
Sam w sobie wszystkim i końcem wszystkiego" (str. 23-24).

Akt I, scena 7 – Makbet, porwany determinacją i zdecydowaniem swojej żony, mówi do niej z podziwem:

„Rodź mi samych chłopców!
Bo męstwa twego nieugięty kruszec
Nic niewieściego od dziś dnia nie spłodzi" (str. 26).

Akt II, scena 2 – głos, jaki słyszy Makbet po zabiciu śpiącego Dunkana, obwieszczający mordercy, że już nigdy nie zaśnie:

„«Nie zaśniesz już więcej!»
Makbet zabija sen, niewinny sen" (str. 32).

Akt II, scena 2 – głos wróżący Makbetowi, że nigdy już nie zazna spokoju sumienia:

„Nie zaśniesz, nie zaśniesz już więcej!
Glamis sen zabił, dlatego też Kawdor
Nie zaśnie; Makbet nigdy już nie zaśnie" (str. 32, 33).

Akt III, scena 1 – Makbet zdaje sobie sprawę, że popełniwszy jedną zbrodnię, musi zabijać dalej. Kolejnym celem jego zbrodniczych przedsięwzięć będzie Banko, który – zgodnie z przepowiednią – da początek dynastii królów:

„Ten Banko jest mi groźny: ma on w sobie
Coś królewskiego (...)
Dla rodu Banka, dla jego korzyści
Zamordowałem zacnego Dunkana";
„Spokojność sobie zatrułem jedynie
Dla rodu Banka i wieczny mój klejnot
Wspólnemu ludzi nieprzyjacielowi
Na łup oddałem po to tylko, żeby
Ukoronować ród, nasienie Banka!" (str. 47).

Akt V, scena 1 – w swoim obłędzie Lady Makbet wszędzie widzi i czuje krew, której nie może się pozbyć mimo wielokrotnego mycia rąk:

„Ciągle ten zapach krwi! Wszystkie wonie Arabii nie odejmą tego zapachu z tej małej ręki" (str. 91).

Akt V, scena 1 – diagnoza lekarza, oceniającego stan obłąkanej Lady Makbet:

„Czyny przeciwne naturze
Rodzą przeciwny naturze niepokój" (str. 92).

Akt V, scena 5 – refleksje stojącego w obliczu śmierci Makbeta o bezsensie życia:

„Życie jest tylko przechodnim półcieniem
Nędznym aktorem, który swoją rolę
Przez parę godzin wygrawszy na scenie
W nicość przepada – powieścią idioty,
Głośną, wrzaskliwą, a nic nie znaczącą" (str. 100).

INDEKS KOMENTARZY DO TEKSTU

BOHATEROWIE

Makbet

CECHY DRAMATU SZEKSPIROWSKIEGO

INNE INFORMACJE

SPIS TREŚCI